존 스토트는 나에게 책을 통해 하나님의 말씀을 전해 준 첫 번째 사람이었습니다. 히브리서 13장 7절 말씀처럼 우리는 하나님의 말씀을 우리에게 전해 주고 우리를 인도하던 자들을 생각하며, 그들의 행실의 결말에 주의하여 믿음을 본받아야 하는데, 존 스토트가 바로 내게 그런 인물이었습니다. 하나님 나라와 교회를 향해 그가 품었던 비전과 열정을 모든 그리스도인들이 갖게 되길 바랍니다.

_팀 켈러, 맨해튼 리디머 장로교회 목사

이 책은 평신도에 대한 새로운 개념이 태동하던 시기에 나온 기념비적인 책입니다. 그는 이 책에서 보냄을 받은 공동체로서 성경적 교회상의 회복을 강력하게 촉구합니다. 무엇보다 그는 모든 그리스도인들이 한 몸으로 부르심을 받았으며 성령의 능력으로 풍성한 열매를 맺는 사역자가 될 수 있음을 보여 줍니다. 그가 성경에서 발견했던 온전한 교회상을 다시 발견하는 교회는 분명 새로운 활기와 생명을 얻게 될 것입니다. 이 책을 통해 하나님 나라의 백성들이 새로운 도전을 받게 되기를 진심으로 바랍니다.

_폴 버브나, 그리스도인 & 선교사 연맹 대표

최근 성경적 교회론에 관한 관심이 복음적인 교회 사이에서 새롭게 일어나고 있습니다. 이는 매우 환영할 만한 일입니다. 기독교 초기에 교회는 이와 관련해서 잘못된 이해로 매우 혼란스러웠습니다. 그러나 성경은, 건강한 교회, 열매 맺는 교회에 대한 성경적 원리가 올바른 교회론에 기초해 있음을 분명하게 말하고 있습니다. 이 책은 이 주제와 관련해 모든 목회자들이 참고해야 할 탁월한 책입니다.

_제임스 M. 보이스, 필라델피아 제10장로교회 목사

존 스토트가 말하는

목회자와 평신도

One People
by John R. W. Stott

One People

존 스토트가 말하는

목회자와
평신도

존 스토트 지음 | 정지영 옮김

아바서원

일러두기

- 원문에서 쓰인 Clergy, Pastor, Minister, Reverend, Rector 등은 본문의 문맥에 따라 목사, 목회자, 성직자, 교역자 등으로 번역해 교차 사용했다.
- 개정판에 포함되었던 한 미국 교회 사례는 시대적·문화적 거리감이 있어 저작권자로부터 허락을 받아 생략했다.
- 본문에서 인용된 우리말 성경으로는 개역개정판 성경을 사용했다.

CONTENTS

머리말

본서를 집필하게 된 직접적인 계기는 영국 더럼 대학교 신학부 교수진의 요청으로 동 대학교 신학부에서 매년 열리는 목회 신학 강연이었습니다. 1968년 당시 필자가 맡은 강연의 주제는 '평신도 신학'으로 주관심사는 성직자와 평신도, 목사와 성도의 조화로운 관계의 발전이었습니다. 이는 성경적 순종과 건강한 교회를 만드는 데 반드시 필요한 요소입니다. 본서에는 런던의 랭함 플레이스에 위치한 올 소울즈 교회를 섬기며 겪었던 필자의 목회 경험이 담겨 있습니다. 개인적 경험을 이 책에 포함시킨 이유는 필자의 목회를 자랑하고자 함이 아니라, 여기서 말하는 이론들이 현실에 "근거하고" 있음을 보여 주기 위해서입니다. 런던 시내의 중심에 위치해 있는 교회와 교외나 지방에 위치해 있는 교회의 상황은 분명 다릅니다. 그렇지만 본서에 제시된 원리가 필자가 믿듯이 성경적이라면 그 원리는 어떤 상황에 처한 교회에도 적용될 수 있으리라 확신합니다.

목회신학 강연에서 강의한 이후 전 세계적으로나 제가 섬겼던 올 소울즈 교회를 포함한 많은 교회들이 커다란 변화를 경험했습니다. 우리는 이 점에 대해 먼저 간략하게 다룰 필요가 있습니다.

1960년대는 급격한 변동의 시기였습니다. 혁명적이라고 표현할 수 있을 정도였습니다. 당시 아프리카 전역에 걸쳐 일어났던 변화를 헤롤드 맥밀런(Harold McMillan)은 "변화의 바람"이라고 불렀는데, 이 바람은 사실상 전 세계에 휘몰아친 폭풍이었습니다. 나중에 '자이르'로 나라 이름을 바꾼 벨지안 콩고가 1960년 독립한 것을 필두로, 우간다(1962년)와 케냐(1963년), 탄자니아(1964년)가 각각 독립했습니다. 언론자유운동이 1964년 미국의 버클리 대학교에서 시작되었고, 1965년에 시작된 미국의 인종 간 긴장은 그 후 3년 동안 인종폭동으로 변했습니다. 1968년 공산주의 사회에서 인간의 권리를 외쳤던 "프라하의 봄"은 무자비한 소련의 탱크에 짓밟혀 버렸고, 프랑스의 학생과 노동자들은 파리 시내 한복판에서 반정부 시위를 벌였습니다. 1960년대는 권위주의에 대한 저항과, 기업과 대학 및 정부에 이르기까지 책임 있는 참여라는 염원이 강렬했던 시대였습니다. 그것은 소수의 '전문가'들의 횡포에 항거하는 '시민' 운동이었습니다.

　교회도 이러한 분위기에서 벗어날 수 없었습니다. 기독교는 처음부터 평신도 운동이었고, 교회 역사에 있었던 교회 갱신이나 부흥은 부분적으로는 성직자의 권력 독점에 대항해 평신도의 권리와 의무를 되찾으려 했던 운동이었습니다. 1962년부터 1965년 사이에 열렸던 제2차 바티칸공의회에서 로마 가톨릭은 그동안 거부했던 교회 평신도의 특권을 공식적으로 인정하기 시작했습니다. 예를 들어 수세기 동안 억제되었고, 실제로 몇몇 국가에서는 금지되었던 평신도의 성경 읽기가 적극 장려되기 시작한 것도 그 즈음부터였습니다.

　1950년대에 시작된 은사주의 운동이 지금은 로마 가톨릭과 개신교 진영 모두에 보편적인 현상이 되다시피 했습니다. 물론 성령세례와 은사 같은 문제로 심각한 신학적 혼란을 일으킨 것은 사실입니다(이 주제에 관련해서는 필자의 『성령세례와 충만』을 참조하기 바랍니다). 그러나 우리는 은사주의 운동으로 인해 신약성경이 말하는 그리스도의 몸으로서의 교회, 즉 모든 지체들은 자신이 받은 은사를 교회 사역에 적극 활용해야 하며, 상호존중과 사랑으로 서로를 섬겨야 한다는 성경적 교회론이 회복되었다는 사실을 인정해야만 합니다.

　1970년대 교회가 보이는 또 다른 중요한 경향은 바로 여성

운동의 확산이었습니다. 특히 여성의 목회 활동에 관한 문제는 논란의 중심에 놓여 있었습니다. 안타까운 것은 여성의 목회 참여에 관한 논쟁이 가톨릭의 사제직과 서품식 개념에 의해 가려지고, "여성이 사제가 될 수 있는가?"라는 잘못된 질문으로 문제의 본질이 흐려졌다는 것입니다. 여성운동에 대한 무익한 양극화 현상이 일어났다는 것 또한 안타까운 점입니다. 극단적인 페미니즘 지지자들은 남성과 여성의 특징이나 역할에 의미심장한 차이가 있음을 부정하거나 신약성경의 현대적 적실성을 거부하든지, 또는 그 둘 모두를 부정하는 식의 극단으로 나아갔습니다. 반면 보수주의자들은 교회에서 어떤 식으로든 여성의 사역 참여를 인정하지 않으려는 극단을 보이기도 했습니다. 여전히 논쟁적인 이 문제가 이제는 좀 더 성경적으로 균형 잡힌 방향으로 전개되기를 바랍니다. 그러기 위해 교회는 하나님이 여성에게 주신 은사들이 교회에서 사용될 수 있도록 적극 격려해야 하며, 동시에 여성은 자신의 진정한 자유와 성취를 남성의 머리 됨과 책임이라는 하나님이 부여한 맥락 속에서 발견할 수 있음을 인정해야 합니다.

전 세계와 보편 교회에서 일어난 일련의 변화와 운동으로부터 시각을 좁혀 이제 내가 섬겼던 올 소울즈 교회 이야기를 하려고 합니다. 필자는 25년 동안 교구목사(담임목회자)로 올 소울즈 교회를 섬긴 후 마이클 보건(Michael Baughen)을 후임 목사로 세우고 1975년 목회 일선에서 물러났습니다. 마이클 보건은 교구목사라는 직함은 없었지만 이미 5년 전부터 실질적으로 저를 대신해 교회의 리더십을 발휘하고 있었습니다. 목회자로서의 은사와 활발한 성격을 가진 보건의 리더십 아래 교회가 갈수록 더 강건해지는 것을, 나는 "명예 교구목사"의 직함을 갖고 매년 6개월 동안 목회자 팀의 일원으로 교회를 섬기면서 직접 눈으로 지켜볼 수 있었습니다. 그 기간 동안 평신도 사역에 관한 우리의 성경 신학은 퇴색하지 않았고 오히려 더 철저히 실행되었습니다. 런던의 인구는 굉장히 유동적이기 때문에 올 소울즈 교회도 변동이 심한 편입니다. 대학생들은 보통 3년 정도 교회에 머물다가 다른 지역으로 이사를 갔습니다. 젊은 전문인들은 승진하면 지방으로 자리를 옮겼습니다. 작은 아파트에서 결혼 생활을 시작한 부부들은 아이들을 위해 좀 더 넓은 집으로 이사를 했고, 나이든 분들은 은퇴를 한 후 도시를 떠나 시골로 이주하기도 했습니다. 이렇게 교회는 국제공항의 대합실처럼 끊임없이 사람들이 오고 가는 곳이었습니다. 이러한 현실은 우리의 생각과 결정에 큰 영향을 미쳤습니다. 교회 구성원들이 교회에 머무는 평균 기간이 대략 3년 정도였기 때문에 우리는 이 기간 동안에 그들을 훈련시켜야 했습니다. 그래서 마이클 보건 목사는 앤드류 콘즈(Andrew Cornes)를 훈련 담당 지도자로 세워 포괄적인 훈련 프로그램을 개발하게 했습니다. 특히 친교 모임들이 이 프로그램을 통해 확대되었는데, 내가 은퇴할 당시 50개였던 이 모임들은 몇 년 지나지 않아 매우 괄목할 만한 성장을 이루어 지금은 80개로 늘었습니다. 지금도 올 소울즈 교회는 친교 모임의 리더들을 위한 훈련에 많은 관심을 쏟고 있습니다.

개정판을 준비하면서 나는 이러한 변화를 이 책에 어떻게 반영할 것인지를 놓고 고민하지 않을 수 없었습니다. 심사숙고 끝에 이 책의 네 장들은 손을 대지 않고 거의 그대로 두기로 했습니다. 그 이유는 그 강연을 특정한 역사적 맥락에서 행했기 때문입니다. 또한 동료 목사들이 이끌어 낸 성공적인 변화들을 내 것인 양 책에 담는 것이 적절하지 않다는 생각이 들었기 때문입니다. 그래서 3장과 4장에 약간의 후기를 덧붙일 뿐 크게 손을 보지 않기로 했습니다. 3장에서 나는 앤드류 콘즈가 개발했던 훈련프로그램에 대해, 4장에서는 리처드 인우드(Richard Inwood) 목사의 지도 아래 일어났던 친교 모임의 성장 과정에 대해 기술했습니다. 우리 목회자 팀은 공동사역을 무척 즐겼습니다. 서로의 장점을 극대화하고 약점을 보완해 주는 팀워크였기 때문입니다. 마이클 보건 목사의 주도 아래 다른 목회자들을 초빙해서 하나님 아래 공동사역을 관찰하고 나눌 수 있는 기회를 제공하는 연례행사를 개최하는 것도 우리에게는 매우 즐거운 경험이었습니다.

끝으로 독자들에게 한 가지의 양해를 구하고 싶습니다. 바로 헬라어 사용에 관한 것입니다. 개인적으로 나는 그리스도인이 신약성경에서 자주 사용되는 단어와 친해져야 한다고 생각합니다. 그래서 본서에서도 헬라어를 그대로 사용했습니다. 오늘날 우리가 사용하는 용어 중 항생물질(antibiotic), 정신신체의학(psychosomatic), 입체음향(stereophonic) 같은 헬라어에 어원을 두고 있는 단어들이 많습니다. 아이들은 학교에서 식물학(botany)에 관한 수업을 듣고 기자들은 도취(euphoria)와 신드롬(syndromes)에 관해 기사를 씁니다. 교회 지도자들은 에큐메니칼(ecumenical)이니 종말론적(eschatological)이니 하는 전문 용어를 사용합니다. 이처럼 헬라어에 기원을 두고 있는 많은 단어들을 사람들이 일상생활에서 아무런 거리낌 없이 사용하듯이 에클레시아(모임), 디아코니아(봉사), 마르투리아(증거), 코이노니아(교제) 같은 중요한 헬라어 단어들에도 독자들이 익숙해지고, 이 용어들이 자주 사용되기를 바랍니다.

1981년 12월, 존 스토트

들어가는 말
잠에서 깨어난 평신도

교회는 끝없이 변하고 있습니다. 이를 우리는 평신도에 대한 최근의 시각 변화에서 분명하게 볼 수 있습니다. 기독교의 모든 분야에 걸쳐 평신도가 자신의 자리를 찾아가고 있습니다.

중세와 종교개혁 시대에도 주목할 만한 평신도 운동들이 있었습니다. 19세기에 일어나 지금까지 그 힘을 잃지 않고 있는 전 세계적인 학생선교운동과 다른 선교운동들 모두 평신도가 주도한 운동들이었습니다. 당시 아무런 대안이 없다는 단순한 이유로 이 운동들을 묵인했던 교회 지도자들이 지금은 오히려 이 자발적인 아래로부터의 분출을 격려하고 열정적으로 지지하고 있습니다. 교회에서의 자신들의 진정한 자리에 대한 평신도들의 인식이 고조되고 있는 것입니다.

이와는 대조적으로 교황 피우스 10세는 1906년에 "열정적인 우리"라고 명명된 사목서한(*Vehementer Nos*)에서 회중들에게

"유순한 새들처럼 지도자들의 인도를 받으며 지도자들을 묵묵히 따르는 것 이외의 권리는 없다"고 천명했습니다.

불과 몇 년 전 케네스 그럽(Kenneth Grubb) 경은 영국 성공회의 입장에 대해 "영국 성공회는 평신도에게 별로 관심이 없다. 그저 그들을 올라타거나 두려워하는 듯하다"[1]라고 평가한 바 있습니다.

그러나 오늘날 교회는 평신도를 이렇게 깔보는 듯한 태도를 보이지는 않습니다. 1958년에 열린 전 세계 성공회 총회인 람버트 회의에서는 그동안 "성직자와 평신도 사이를 지나치게 구별했다는 인식이 점차 높아지고 있다"[2]며 "더 나은 평신도 신학의 계발이 필요하다"[3]라고 선언했습니다.

오늘날 교회에서 평신도의 중요성이 부상하고 있는 이유는 무엇일까요? 몇 가지 이유가 있습니다.

첫 번째는 사회적 요인입니다. 영국에서는 1851년과 1966년 사이에 평신도와 성직자의 비율이 평신도 1천 명당 성직자 1명에서 평신도 2천 5백 명당 성직자 1명으로 성직자의 비율이 현격히 떨어졌습니다. 이와 같은 현상은 교세의 약화 요인 중 하나로 손꼽히고 있습니다. 전에는 성직자가 교회를 장악할 수 있는 규모였지만 이제는 평신도의 협력을 구하지 않을 수 없는 상황이 되고 만 것입니다. 톰 알란(Tom Allan)이 "교회의 비고용인"[4]이라고 부르기도 했던 평신도가 이제는 교회의 고용인으로 재발견되고 있습니다. 헨드릭 크래머(Hendrik Kraemer)의 비유로 말하면, 전에는 평신도가 "회수 불가능한 대금 같은 존재"였지만 지금은 회수 가능한 유통 자금 같은 존재가 된 것입니다. 그러나 우리는 이 정도에서 멈춰서는 안 됩니다. 헨드릭 크래머의 또 다른 비유에 따르면, 평신도는 "충분히 봉인되지 않은 인력 저수지"[5]가 아니기 때문입니다.

두 번째는 실용적인 요인입니다. 평신도에게 적절한 일을 주지 않는다면 우리는 그들을 자원봉사 단체나 심지어는 다른 종교에 빼앗길 것입니다. 실제로 교회 밖의 봉사 단체들은 교회가 부여한 것보다 더 중요한 지위를 그들에게 제공하고 있습니다. [6] 그리스도인이 교회 밖의 사회봉사에 참여하지 못하도록 하라는 뜻이 아닙니다. 당연히 참여해야 합니다. 그러한 일은 그리스도인의 소명의 일부로 인식되어야 하고, 지역 교회는 그것을 적극 격려해야 합니다. 내 말은 그리스도인들이 교회에서 자기가 쓸모없는 존재라는 생각에 교회 밖의 봉사 단체에 참여한다면 그것은 무언가 잘못된 것이라는 뜻입니다.

막스 워렌(Max Warren)이 이를 잘 지적하고 있습니다. [7] 그는 동아프리카의 교회 부흥 운동과 1,300개가 넘는 남아프리카의 교회 분리주의 그룹을 비교, 연구했습니다. B. G. M. 선드클러(Sundkler) 박사는 자신의 책 『남아프리카의 흑인 예언가들』에서 이 분리주의 그룹에 대해 자세히 기술한 바 있는데, 막스 워렌은 이 연구에 근거해 몇 가지 중요한 사항을 지적했습니다. 그는 "흑인들이 분리된 자로 취급받을 때 그들을 분리주의자들로 정죄해서는 안 된다"라고 말하며 "교회 내에서 분리될 뿐 아니라 복종만을 요구당해서 그들이 주도적인 참여나 권리 행사를 하지 못하기 때문에 공식적인 분리를 초래했다"라고 말합니다. 그런 이유로 막스 워렌은 "아프리카 교회가 직면한 가장 시급한 문제 중 하나는 평신도에게 주도권과 리더십을 부여하는 일이다"라고 주장합니다. 이는 아프리카 교회만의 문제가 아닙니다. 오늘날 전 세계 교회가 동일하게 당면하고 있는 문제입니다.

세 번째는 시대정신입니다. 최근의 사회적·정치적 혁명의 바람은 수많은 사람들에게 그들의 시민 의식과 책임감을 일깨워 주는 계기가 되었습니다. 교회 또한 예외가 아닙니다. 이러한 사회적·정치적 변동은 의무교육과 고등교육의 기회 확대, 민주주의와 투표권의 확산, 노동자들의 해방과 노동조합 운동, 기득권과 권위주의에 대한 도전, 평등주의 주장 등 여러 모양으로 나타났습니다. 이러한 현대적인 시각에서 볼 때, 교회의 성직자 위계 체제는 종종 전통을 고수하고 변화를 거부하는 중세 봉건 시대의 유물로 이해되었습니다. 그러나 지방정부와 중앙정부 뿐 아니라 산업 분야에서도 '참여 민주주의'를 요구하고 있는 오늘날, 이 발전 과정의 좋은 본보기가 되어야 했을 교회도 다른 분야들이 지향하는 바를 따르지 않을 수 없게 되었습니다.

이 세 가지 요인이 오늘날 평신도에게 교회 생활과 사역에 더 많이 참여할 것을 요구하고 있습니다. 이상의 요인들이 모두 타당하긴 하지만 그리스도인들에게는 그것들만으로 충분하지 않습니다. 평신도의 능동적이고 책임 있고 건설적인 교회 사역에의 참여는 실용적 이유가 아니라 성경적 이유 때문이어야 하며, 편의상 하는 것이 아니라 신학적 원리에 근거해야 하기 때문입니다. 교회 사역에 평신도가 적극 참여해야 하는 이유는 성직자가 평신도의 도움을 필요로 하기 때문이거나 평신도가 쓸모 있는 존재가 되고 싶기 때문도, 시대적 흐름이기 때문도 아닙니다. 그것은 하나님, 그분의 뜻이기 때문입니다. 더 나아가 평신도가 교회에서 그들의 양도 불가능한 권리와 의무를 알고 수용할 수 있는 유일한 길은 그것이 하나님의 백성을 향한 그분의 뜻임을 하나님의 말씀을 통해 인식하는 것입니다.

따라서 가장 중요한 네 번째 요인은 바로 성경적 요인입니다. 앞서 우리는 성직자에 대해 말하지 않고 평신도에 대해서만 말하는 것이 불가능하다는 것을 살펴보았습니다. 이제 우리는 그 둘이 속해 있는 '교회'에 관해 말하지 않고 성직자나 평신도에 관해 말하는 것 또한 불가능하다는 사실을 알아야 합니다. 이브 콩가르(Yves Congar)는 "근본적으로 단 하나의 타당한 평신도 신학은 총체적 교회론(total ecclesiology)이다"[8]라고 말한 바 있습니다. 성직자나 평신도에 대한 균형 잡히지 않은 이해는 교회에 대한 균형 잡히지 않은 이해에 근거한다고 말해도 무방합니다. 조금 더 정확히 말하면 평신도에 대한 너무 낮은 견해와 성직자에 대한 지나치게 높은 견해는 교회에 대한 지나치게 낮은 견해에 기인한다고 할 수 있습니다.

이 지점에서 본서의 내용을 개관해 주는 것이 독자에게 유익할 것 같습니다.

1장에서 우리는 성경적 교회론이 주로 강조하는 몇 가지 사항, 특히 에클레시아를 성직자와 평신도의 관계와 관련하여 살펴볼 것입니다.

2장에서는 교회 역사에서 존재했던 성직자와 평신도 사이의 관계를 네 가지로 나누어 개관해 보려고 합니다. 여기서 나는 성직자를 섬김(디아코니아)으로 부름받은 사람이라고 정의하고자 합니다. 진정한 성직자와 평신도의 관계는 서로 섬기는 관계임을 이 명칭이 잘 드러내 준다고 생각하기 때문입니다.

3장에서는 이 일반적인 원리를 좀 더 자세히 그리고 실천적으로 기술하고자 합니다. 평신도를 섬기는 성직자의 주된 방법은 평신도의 삶과 일, 특히 세상에서 증거(마르투리아)하는 일을 위해 그들을 가르치고 훈련하는 것입니다. 다시 말하면 평신도가 증거(마르투리아)하는 삶을 살도록 그들을 섬기는(디아코니아) 것이 성직자의 역할이라는 것입니다. 이런 맥락에서 나는 올 소울즈 교회에서의 목회 경험, 즉 훈련 프로그램과 평신도의 다양한 봉사에 관한 경험을 여러분과 함께 나누고자 합니다. 그리고 가능하면 나의 시각뿐 아니라 그들의 시각을 통해서 그것을 묘사할 생각입니다.

마지막 4장에서 우리는 성직자와 평신도의 관계를 넘어서 교회 내 교회 구성원들의 상호 관계라는 보다 넓은 분야로 이동할 것입니다. 이를 통해 성경이 코이노니아(교제)에 대해 무엇을 말하는지, 지역 교회에서 그것을 어떻게 구현해야 하는지를 다루려고 합니다. 또한 올 소울즈 교회의 "친교 모임들"을 성경적 이상과 현실적 모습에 비추어 살펴보고자 합니다.

1장

그리스도인의 모임
——
에클레시아

그러나 너희는 택하신 족속이요 왕 같은 제사장들이요
거룩한 나라요 그의 소유가 된 백성이니
이는 너희를 어두운 데서 불러내어 그의 기이한 빛에 들어가게 하신 이의
아름다운 덕을 선포하게 하려 하심이라

_벧전 2:9

🌲 교회는 그분의 에클레시아, 즉 하나님의 부르심을 받아 그분의 소유가 되어 세상으로부터 분리되나 세상 속에 존재하는 하나님의 백성입니다. 이와 같은 교회의 부르심은 온 교회의 부르심이자 어떤 차별이나 편견 없이 교회의 모든 구성원을 부르신 것입니다.

1장에서 우리가 제일 먼저 던져야 하는 질문은 '교회란 무엇인가?'입니다.

교회란 자신의 존재와 연대의 이유, 그리고 다른 집단과의 차별성을 오직 하나님의 부르심에 두고 있는 사람들의 공동체를 말합니다.

이 이야기는 하나님으로부터 자신의 나라와 친척을 떠나라는 부르심을 받았던 아브라함과 함께 시작합니다. 하나님의 부르심은 아브라함을 통해 한 민족과 나라를 이루고 또 세상의 모든 민족이 복을 받게 하기 위함이었습니다. 이 은혜의 언약은 그 후 네 번이나 아브라함에게 확증되었고, 그의 후손을 통해 땅의 모든 민족이 복을 받게 되었습니다(창 22:17, 18). 그

언약은 다시 아브라함의 자손 이삭과 그의 아들 야곱에게 확증되었습니다. 그러나 야곱은 애굽에서 죽었고 그의 아들 요셉도 그러했습니다. 창세기는 "요셉이 백십 세에 죽으매 그들이 그의 몸에 향 재료를 넣고 애굽에서 입관하였더라"(창 50:26)라는 평범한 말로 끝납니다.

그러나 야곱의 아들 레위의 후손인 모세가 애굽의 억압으로부터 이스라엘 백성을 구원했을 때 하나님이 아브라함에게 주신 약속의 성취는 큰 진전을 보이게 되었습니다. "이스라엘이 어렸을 때에 내가 사랑하여 내 아들을 애굽에서 불러냈거늘"(호 11:1). 이스라엘은 출애굽한 지 석 달 후에 시내 광야로 들어갔습니다. 그리고 하나님은 모세에게 이스라엘 백성에게 다음과 같이 전하라고 말씀하셨습니다.

> 내가 애굽 사람에게 어떻게 행하였음과 내가 어떻게 독수리 날개로 너희를 업어 내게로 인도하였음을 너희가 보았느니라 세계가 다 내게 속하였나니 너희가 내 말을 잘 듣고 내 언약을 지키면 너희는 모든 민족 중에서 내 소유가 되겠고 너희가 내게 대하여 제사장 나라가 되며 거룩한 백성이 되리라…(출 19:4-6)

이렇게 하나님의 언약이 확증되고 율법을 받아 성막의 예배 제도가 시작되었습니다. 그 후 이스라엘은 약속의 땅을 정복하고 그곳에서 왕정 체제를 세웠습니다. 그러나 이 모든 것은 비참하게 끝나고 말았습니다. 그의 백성들은 하나님과의 언약을 파기하고, 그분의 율례를 거부하고, 그분이 보내신 예언자들을 멸시함으로 결코 용서받을 수 없는 상태에 이르렀습니다. 결국 하나님은 그들을 심판하셨고 바벨론으로 유배를 보내 버리셨습니다.

하지만 하나님은 그들을 완전히 버리지는 않으셨습니다. 때가 차매 언약에 신실하신 하나님은 애굽에서 이스라엘을 구원하신 것처럼 그들을 바벨론으로부터 불러내어 본토로 돌려보냈습니다. 예레미야를 통해 하나님께서 말씀하신 그대로 말입니다.

> … 보라 날이 이르리니 다시는 이스라엘 자손을 애굽 땅에서 인도하여 내신 여호와께서 살아 계심을 두고 맹세하지 아니하고 이스라엘 자손을 북방 땅과 그 쫓겨 났던 모든 나라에서 인도하여 내신 여호와께서 살아 계심을 두고 맹세하리라 내가 그들을 그들의 조상들에게 준 그들의 땅으로 인도하여 들이리라 (렘 16:14-15)

하나님은 그 백성을 통해 전 세계의 모든 족속에게 복을 주시겠다고 약속하셨습니다. 그리고 이 약속은 그리스도를 통해 성취되었습니다. 하나님은 먼저 아브라함과 그의 가족을 우르와 하란을 떠나 가나안을 향하도록 부르시고, 후에는 야곱의 후손들을 애굽에서 구원하시고, 유다의 남은 족속을 바벨론에서 불러내셨습니다. 이 모든 것은 더 나은 부르심, 더 위대한 구속, 더 풍성한 유산을 위한 그림자였습니다. 하나님의 원대한 목적은 그리스도의 죽음과 부활을 통해 세상에서 그의 백성을 불러내어 그들을 죄로부터 구속하고 그들로 하여금 구원의 약속을 상속받게 하려는 것이었습니다.

그런즉 교회는 그분의 에클레시아, 즉 하나님의 부르심을 받아 그분의 소유가 되어 세상으로부터 분리된, 그러나 세상 속에 존재하는 하나님의 백성입니다. 신약성경은 이 사실을 우리에게 매우 분명하게 말하고 있습니다. 하나님은 우리를 부르셔서 "그의 아들 예수 그리스도 우리 주로 더불어 교제하게"(고전 1:9) 하시고 "예수 그리스도의 것으로 부르셨다"(롬 1:6)라고 말합니다. 이러한 하나님의 부르심은 "거룩하신 소명으로 부르심"(딤후 1:9)이요, "거룩함으로의"(살전 4:7) 부르심입니다. 하나님은 자신이 거룩하니 우리도 거룩하라(벧전 1:15, 16)고 명령하십니다. 또한 부르심을 입은 자는 "부르심을 받은 일에 합당하게 행하라"(엡 4:1)라고 하십니다. 이는 우리로 하여금 성령의 거룩하게 하시는 능력으로 성품과 행위에 있어서 거룩하고 구별된 하나님의 택하신 백성, 즉 "성도"가 되게 하려는 것입니다 (롬 1:7; 고전 1:2; 행 15:14; 딛 2:14).

그러나 하나님의 부르심은 교회를 세상에서 불러내어 그저 경건하게 따로 살라고 하심이 아닙니다. 레슬리 뉴비긴(Lesslie Newbigin)의 말대로 "교회는 땅끝과 종말을 향해 길을 걷고 있는 경유 중인 공동체"입니다. 그의 말을 조금 더 인용해 보겠습니다.

교회는 하나님의 순례하는 백성이다. 교회는 모든 사람을 하나님과 화해시키기 위해 땅끝을 향해 발걸음을 재촉하고, 모든 사람을 하나 되게 하실 주님을 만나기 위해 종말을 향해 서둘러 가고 있는 순례하는 공동체다.

레슬리 뉴비긴은 이런 이유로 교회는 "선교적인 동시에 종말론적인 관점으로 볼 때에만 바르게 이해될 수 있다"라고 주장합니다.[1] 그래서 신약성경 저자들도 하나님이 세상에서 우리를 불러내신 뒤에 다시 우리를 세상 속으로 보내신다고 선언하고 있습니다.

> 그러나 너희는 택하신 족속이요 왕 같은 제사장들이요 거
> 룩한 나라요 그의 소유가 된 백성이니 이는 너희를 어두운
> 데서 불러 내어 그의 기이한 빛에 들어가게 하신 이의 아름
> 다운 덕을 선포하게 하려 하심이라(벧전 2:9)

하나님은 또한 우리를 이 세상에서 그리스도처럼 부당하게 고난받게 하시며, 고난을 통해 그리스도 안에서 그의 영원한 영광으로 들어가게 하시려고 우리를 부르셨습니다(벧전 2:20, 21; 5:10). 교회는 이 세상에서 불러내어져 하나님의 소유가 되고 거룩과 선교와 고난으로, 그리고 고난을 통해 영광으로 부르심을 받은 하나님의 백성인 것입니다.

교회는 하나

이와 같은 교회의 부르심은 온 교회의 부르심이자 어떤 차별이나 편견 없이 교회의 모든 구성원을 부르신 것입니다. 예전에는 하나님이 아브라함과 그의 자손들, 혈통적이고 민족적인 이스라엘을 부르셨고, 이방인을 "이스라엘 나라 밖의 사람"이자 "약속의 언약들에 대하여 외인"으로 취급하셨습니다(엡 2:12).

그러나 아브라함이 받은 약속에는 모든 족속에 대한 궁극적인 축복도 포함되어 있습니다. 이런 이유로 사도 바울은 에베소서에 다음과 같이 쓸 수 있었습니다.

이제는 전에 멀리 있던 너희가 그리스도 예수 안에서 그리스도의 피로 가까워졌느니라 그는 우리의 화평이신지라 둘로 하나를 만드사 원수 된 것 곧 중간에 막힌 담을 자기 육체로 허시고 법조문으로 된 계명의 율법을 폐하셨으니 이는 이 둘로 자기 안에서 한 새 사람을 지어 화평하게 하시고 또 십자가로 이 둘을 한 몸으로 하나님과 화목하게 하려 하심이라 원수 된 것을 십자가로 소멸하시고(엡 2:13 –16)

우리는 바울 사도가 폐기와 창조를 언급하고 있다는 사실에 주목해야 합니다. 하나님은 이스라엘을 구별된 백성으로 만들었던 율법을 폐기하고 "한 새 사람"을 창조하셨습니다.

이 새로운 인류, 곧 교회는 놀라울 정도로 포괄적인 공동체입니다. 그리스도는 인종과 국적의 장벽을 폐하셨고, 계층과 성의 장벽도 폐하셨습니다. "너희는 유대인이나 헬라인이나 종이나 자유인이나 남자나 여자나 다 그리스도 예수 안에서 하나이니라"(갈 3:28). 이제 차별의 시대는 끝났습니다. 그리스도께서 교회 안에 창조하신 새로운 인류에는 인종이나 계급, 성에 따른 차별이 존재할 틈이 없습니다. 그렇다고 교회에는 어떤 질서도 없다는 뜻은 아닙니다. 이를 주장한 사도는 아내는 남편에게, 종은 상전에게 복종할 것 또한 가르치고 있기 때문입니다. 이 말씀은 하나님 앞에서는 어떤 영적 특권도 존재해서는 안 된다는 뜻입니다.

> 유대인이나 헬라인이나 차별이 없음이라 한 분이신 주께서 모든 사람의 주가 되사 그를 부르는 모든 사람에게 부요하시도다 누구든지 주의 이름을 부르는 자는 구원을 받으리라(롬 10:12-13)

그렇기 때문에 모든 그리스도인은 유대인이나 이방인, 남성이나 여성, 종이나 자유인, 문명인이나 야만인을 막론하고 모두 "동일한 시민이요 하나님의 권속"입니다(엡 2:19). 또한 "그리스도 예수 안에서 함께 상속자가 되고 함께 지체가 되고 약속에 참여하는 자"입니다(엡 3:6). 모든 하나님의 백성이 복음의 축복에 아무런 차별 없이 모두 동등하게 참여한다는 사실을 분명하게 강조하기 위해서 바울은 이 구절들에서 '시민' '권속'

'상속자' '참여하는 자'[2]로 번역할 수 있는 네 개의 헬라어 복합 명사들을 사용하고 있습니다. 바울은 에베소서 4장 4-6절에서 연합의 목록을 나열하는 가운데 이와 동일한 진리를 우리에게 다시 한 번 전합니다.

> 몸이 하나요 성령도 한 분이시니 이와 같이 너희가 부르심의 한 소망 안에서 부르심을 받았느니라 주도 한 분이시요 믿음도 하나요 세례도 하나요 하나님도 한 분이시니 곧 만유의 아버지시라 만유 위에 계시고 만유를 통일하시고 만유 가운데 계시도다(엡 4:4-6)

이것이 평신도에 관한 책과 무슨 관련이 있는 것일까요? 바울이 이제는 특권이 폐기되었고 새로운 한 인류가 창조되었다고 주장하는 것을 내가 여기서 상기시키는 이유가 무엇일까요? 그 이유는 매우 분명합니다. 바로 하나님의 백성 모두가 동등하고 하나라는 진리의 배경에서만 교권주의의 진정한 스캔들이 드러나기 때문입니다. 교권주의는 성직자의 손 안에 권력과 특권을 집중시킴으로써 언제나 하나님의 백성의 본질적인 하나됨을 소극적으로는 불분명하게 만들고 적극적으로는 무효화시켜 버립니다. 극단적인 교권주의는, 그리스도께서 새로운 인류

공동체 안에서 없애 버린 특권 의식을 다시 도입하려고 합니다. 그리스도께서 하나로 만든 것을 교권주의가 다시 둘로 나누려는 것입니다. 높은 것과 낮은 것으로, 능동적인 것과 수동적인 것으로, 필수적이고 중요한 것과 부수적이고 중요하지 않은 것으로 말입니다. 교회를 성직 위계 체제나 성직자라는 특권층의 전유물로 해석하는 것은 신약성경이 말하는 교회론을 파괴시키는 짓입니다.

성직자는 교회를 '성직'의 견지에서 해석하기가 쉬울지 몰라도 우리에게는 그렇게 해석할 자유가 없습니다. 이 점을 증명하기 위해 우리는 성경이 말하는 교회에 관한 몇 가지 이미지들을 검토해 볼 필요가 있습니다. 이 이미지들은 너무나 많고 다양하며 풍부한 의미를 지니고 있기 때문에 모두를 자세히 검토할 수 없습니다. 그러나 모든 성경적 교회상은 그리스도 안에서 하나님의 백성과 하나님의 관계, 그리고 백성들 서로의 관계를 보여 준다는 입장을 확고히 하기 위해 그것들을 충분히 살펴볼 수는 있습니다. 이와 별개로 성직을 제3의 집단으로 구분하는 사상을 우리는 성경 어디에서도 발견할 수 없습니다. 다시 말하면 교회의 본질과 사역과 관련하여 신약성경은 성직이라든가 성직자와 평신도의 관계가 아니라, 하나님의 백성 전체와 하나님과의 관계, 그리고 하나님의 백성 상호 간의 관계에 대해 압도적으로 말하고 있다는 것입니다. 모든 하나님의 백성은 하나님의 은혜로 부르심을 받아 그분의 상속자와 대사가 되어 이 세상에 보냄을 받은 사람들입니다.

교회에 관한 비유

구약성경으로부터 신약성경이 물려받은 대표적인 교회의 이미지는 세 가지입니다. 바로 신부, 포도원, 양떼입니다. 이 세 가지 비유들은 하나님이 그의 백성들과 맺은 직접적인 관계에 초점을 맞추고 있는데, 그 백성이 하나님을 즐거워하는 모습으로 그려져 있습니다.

하나님은 이스라엘을 처녀 시절에 주목하고 신부로 약혼하고 혼인 언약을 맺었습니다(겔 16장; 렘 2:2; 31:32; 사 62:5). 그러나 이스라엘은 하나님과의 관계에 신실하지 않았습니다. 그래서 하나님은 이스라엘의 신실하지 못함과 음행과 음란함을 계속 책망하지 않을 수 없었습니다(호 2장).

하나님은 애굽에서 포도나무 한 그루를 가져다가 가나안 "비옥한 언덕"에 심으셨습니다. 거기에서 포도나무는 굳건히 뿌리내리고 그 땅을 가득 채웠습니다. 하나님은 그 나무를 지키기 위해 망대를 세우시고 수확을 위해 포도주 틀을 만드셨으며 의의 열매가 맺히기를 기다리셨습니다. 그러나 그 포도나무는 불의와 압제라는 들포도를 만들어 냈습니다. 그래서 하나님은 포도원을 갈아엎어 버리셨습니다(시 80:8-19; 사 5장).

하나님은 이스라엘의 목자이십니다. 그분은 요셉을 양떼처럼 인도하셨습니다. 그분은 애굽에서 그의 후손들을 구원하셨고 "옛적 모든 날에 그들을 들어 안으셨습니다". 바벨론 유수 이후에도 그분은 두 팔을 뻗어 어린양을 품에 안으시며 새끼와 함께 그들을 안전하게 인도하실 것입니다(시 80:1; 사 63:9).

이상의 교회상은 하나님이 목적을 갖고 그분의 백성을 직접 다루신다는 것과 주권적으로 그들을 구원하신다는 것을 보여 줍니다. 그분은 이스라엘을 신부로 선택하셨고, 포도원을 가꾸셨으며, 양떼를 인도하셨습니다. 예수님은 이 비유들을 자신에게 적용시켜 각각의 비유가 의미하는 인격적인 관계를 더욱 강조하셨습니다.

예수님은 신랑이셨습니다. 혼인 잔치에 온 손님들에게 잔치를 베풀고 있기 때문에 그분은 금식을 하지 않으셨습니다(막 2:18-20). 사도 바울은 신부인 교회를 향한 그리스도의 희생적 사랑을 언급하며 이 비유를 더욱 세밀하게 발전시킵니다. 그의 머리 됨과 신부를 향한 최종 목적은 그녀를 "티나 주름 잡힌 것이나 이런 것들이 없이 거룩하게"(엡 5:22−33) 신랑 앞에 서게 하는 것입니다. 계시록 마지막 부분에서 우리는 그와 동일한 말씀을 듣습니다. "어린양의 혼인 기약이 이르렀고 그의 아내가 자신을 준비하였다"고 하고, "거룩한 성 새 예루살렘이 하나님께로부터 하늘에서 내려오니 그 준비한 것이 신부가 남편을 위하여 단장한 것 같더라"(계 19:7; 21:2)라고 말합니다.

예수님은 악한 농부 비유에서(막 12장) 포도원의 이미지를 떠올리셨습니다. 그러나 예수님은 이 이미지를 좀 더 확대해 자신은 포도나무이며 우리는 가지라고 말씀하시고, 가지는 포도나무에 붙어 있어야 하고 가지치기라는 고난을 통과해야 열매를 맺을 수 있다고 말씀하셨습니다(요 15장).

예수님은 또한 스스로를 '선한 목자'라 부르셨습니다. 그분은 잃어버린 양 한 마리를 찾아 자신의 목숨을 내놓으며 푸른 초장으로 양떼를 인도하고 맹수들로부터 양떼를 보호하시는 분입니다(눅 15:3−7; 요 10장).

이상의 비유들 외에도 아래의 네 가지 비유들 역시 하나님과 그분의 백성들 사이의 관계에 초점을 두고 있습니다. 그런데 이 비유들은 그 이상의 의미를 담고 있습니다.

첫 번째는 하나님의 백성은 그분의 나라라는 비유입니다. 하나님의 백성은 하나님이 다스리시는 영역이요 그분의 '영토'입니다(시 114:2). 이스라엘의 신정 정치는 이스라엘 백성이 다른 나라들처럼 왕을 요구했을 때 중단되었지만, 그리스도로 말미암아 이제 영적으로 회복되었습니다. 하나님은 우리를 "흑암의 권세에서 건져 내사 그의 사랑의 아들의 나라로 옮기셨습니다"(골 1:13). 그리스도는 성령을 통해 그분의 백성을 다스리십니다. "하나님의 나라는 먹는 것과 마시는 것이 아니요, 오직 성령 안에 있는 의와 평강과 희락이라"(롬 14:17).

두 번째는 하나님의 백성은 그분의 가족이라는 비유입니다. 하나님이 이스라엘을 자신의 아들이라 부른(호 11:1) 사실의 의미가 구약에서는 희미하게 나타나지만 신약에서는 완전하게 드러나 있습니다. 그리스도 안에서 하나님은 우리를 다시 낳으시고 그분의 자녀로 만드셔서 그의 가족으로 입양하시고 성령을 우리 마음에 보내시어 우리로 하여금 하나님을 '아빠 아버지'로 부르게 하셨습니다(요일 2:29-3:3; 3:9, 10; 롬 8:14-17; 갈 4:4-7). 주님이 가르쳐 주셨듯이 그리스도인의 삶은 이러한 하나님과의 친밀한 부자 관계에 기초를 두고 있습니다. 그리스도인들은 물질에 대해 염려할 필요가 없습니다. 하늘 아버지께서 우리의 필요를 이미 알고 계시기 때문입니다. 우리는 먼저 하나님, 곧 그의 나라와 그의 의를 구하고, 우리 자신과 모든 일을 그분께 의뢰하고 그분을 전적으로 신뢰해야 합니다. 그러면 그분은 우리가 필요로 하는 모든 것을 주실 것입니다(마 6:7-13, 25-34; 7:7-11).

세 번째는 하나님의 백성은 '손으로 짓지 아니한' 건물이라는 비유입니다. 교회는 하나님이 친히 세우시는 영적인 성전입니다. 사도들과 예언자들이 증언했던 대로 그리스도는 그 성전의 기초가 되었으며, 우리는 성령 안에서 그리스도와 함께 지어져 가는 하나님의 거하실 처소입니다(고전 3:11, 16; 엡 2:20-22).

네 번째는 하나님의 백성은 그리스도의 몸이라는 비유입니다. 이 비유는 바울의 서신들에 나오는 가장 두드러진 비유이자 신약성경에만 있는 유일한 비유입니다. 그리스도께서 교회의 머리가 되어 몸 된 교회를 다스리고 자라게 하시며 성령은 그 몸에 생기를 줍니다(엡 4:4, 15, 16; 골 2:19).

그러나 이상의 네 가지 비유는 하나님과 그분의 백성들 사이의 관계에 대한 조명 그 이상의 의미를 담고 있습니다. 거기에서 더 나아가 백성들 상호 간의 관계와 책임을 보여 줍니다. 우리는 그 나라의 동료시민이자 한 가족의 형제자매입니다. 우리는 함께 영적인 처소로 만들어져 가는 살아 있는 돌들이며, 무엇보다 그리스도의 몸의 지체들입니다. 머리 된 그리스도로부터 생명과 지도를 받은 지체들은 서로 적극적으로 보완해 주며 서로를 멸시하거나 시기하지 않습니다(고전 12:14-26).

이렇듯 하나님의 백성, 교회에 대한 비유는 매우 다양합니다. 그러나 이 비유들은 모두 동일한 방향을 가리키고 있습니다. 남편, 목자, 왕, 아버지, 건축자와 같은 비유들은 모두 하나님의 은혜로운 주권을 강조하고, 하나님의 백성을 그분의 신부, 양떼, 자녀, 몸으로서 하나님과의 관계를 묘사하고, 다른 한편으로는 한 포도나무의 가지, 한 양떼 안의 양, 한 가족의 자녀, 한 몸의 지체로서 백성 상호 간의 관계를 강조하기도 합니다. 여기에 성직자 층을 포함시켜도 바뀔 것이 전혀 없습니다.

물론 세례 요한이 예수님께 그랬듯이, 사도 바울도 자신을 혼인 잔치의 신랑의 들러리로 비유하는 것은 사실입니다(고후 11:2; 요 3:29). 바울은 또한 고린도 교회에게 자신과 아볼로의 사역을 하나님의 밭에 씨를 뿌리고 물을 주는 것으로, 하나님의 건물에 기초를 놓고 상부구조를 올리는 것으로 설명합니다(고전 3:5-15). 이와 유사하게 교회의 감독들도 양떼를 돌보는 책임을 맡은 목자로(행 20:28; 벧전 5:1-4), 하나님 나라의 전파자로(행 20:25), 집의 청지기로(고전 4장), 가정의 유모로(살전 2:7) 묘사되곤 합니다. 모든 그리스도인이 그리스도의 몸을 이루는 지체이긴 하지만 특정 기관이 다른 기관들보다 상대적으로 중요한 기능을 담당하고 있기도 합니다. 발과 눈, 손과 머리는 서로를 필요로 하는 기관들이지만 그중에서 머리가 제일 중요하듯이 말입니다(고전 12:21).

위에서 언급된 신랑의 들러리나 사자나 청지기는 사실 그 비유의 부록과 같은 존재라고 할 수 있습니다. 그 비유는 그들이 없어도 완전히 유효하고, 엄밀히 말하면, 그들과 상관이 없습니다. 물론 그들 자체의 역할은 있지만 어디까지나 보조적인 역할일 뿐입니다. 신랑의 들러리는 혼인 잔치에 유용한 존재입니다. 그러나 신랑과 신부는 들러리가 없어도 결혼식을 올릴 수 있습니다. 청지기와 유모도 가정에 있으면 큰 도움이 되지만 그들이 없어도 아버지가 자식들을 굶기진 않을 것입니다. 이와 같은 교회에 대한 비유들이 강조하는 핵심 진리는 하나님은 그분의 백성을 은혜롭게 다루신다는 것과 그들은 하나님과 서로에게 책임이 있다는 것입니다.

하나님의 부르심에 그 기원을 두고 성경의 비유들이 묘사하는 교회의 본질적 연합은 다음과 같은 결론을 내리게 합니다. 곧 하나님이 그분의 교회에 위임한 책임은 온 교회에 맡긴 것이라고 말입니다. 그들이 누구입니까? 사도 베드로는 말합니다. "전에는 백성이 아니었지만 이제는 너희가 하나님의 백성이다."

여기서 더 나아가 이렇게 말합니다. 너희는 기도와 찬양으로 신령한 제사를 드리는 제사장 같은 백성들, 우리를 어두운 데서 불러내어 그분의 기이한 빛으로 인도하신 하나님의 덕을 이방인들에게 전하는 선교하는 백성들이라고 말입니다(벧전 2:5, 9, 10). 요약하면, 하나님의 백성은 그분을 예배하며 그분을 증거하도록 부름받은 공동체입니다. 이 같은 의무는 교회 전체에 주어진 것입니다. 그것은 성직자가 독점할 수 없고 평신도들이 피할 수도 없는 의무입니다. 하나님을 예배하고 그분을 증거할 책임은 성직자나 평신도가 상대편에게 위임할 수 있는 것이 아닙니다.

나는 이것이야말로 너무나 자주 그리고 너무나 오랫동안 평신도들을 종속적인 위치에 묶어 두고 그들을 열등하고 수동적인 위치로 전락시킨 잘못된 교권주의에 대한 바른 교정책이라고 강력하게 주장합니다. 교권주의는 교회에 대한 왜곡된 이미지에 기인합니다. 하나님이 성직자를 부르셔서 중요한 일을 맡기셨다는 것은 틀림없는 사실입니다. 그러나 그들이 맡은 직분은 언제나 하나님이 구속하신 공동체, 교회 전체의 직분에 종속되는 것입니다. 평신도들이 자신들의 정체성을 바르게 정립하려면 성직자가 교회를 섬기기 위해 존재하는 것이지 교회가 성직자를 섬기기 위해 존재하는 게 아니라는 단순한 진리를 인식해야 합니다. 이 진리를 인식하려면 교회는 곧 하나님의 백성이라는 성경적 교리를 회복해야 합니다. 특히 하나님의 백성은 신분과 특권에서 모두 차별 없이 하나라는 진리와 하나님을 예배하고 세상에서 증거하는 사역이 이 한 백성, 즉 성직자와 평신도를 아우르는 온 교회의 양도 불가능한 권리이자 의무라는 진리를 회복해야 합니다.

2장

그리스도인의 사역
===
디아코니아

우리가 한 몸에 많은 지체를 가졌으나
모든 지체가 같은 기능을 가진 것이 아니니
이와 같이 우리 많은 사람이 그리스도 안에서 한 몸이 되어 서로 지체가 되었느니라
우리에게 주신 은혜대로 받은 은사가 각각 다르니…

_롬 12:4-6

✹ 우리 모두가 속해 있는 몸은 하나이며, 우리가 받은 성령도 하나라서 우리는 동일한 지위와 특권을 함께 누립니다. 그러나 한 몸에 있는 여러 지체는 각자 다른 기능을 수행하도록 각각 성령의 임명을 받고 또 구비됩니다. 은사를 주신 궁극적인 목적은 '그리스도의 몸을 세우기' 위함입니다.

우리는 하나님의 모든 백성, 교회(the Church)와 함께 논의를 시작했습니다. 이것이 성경의 주관심사이기 때문입니다. 성경은 하나님의 부르심을 받아 다른 백성들과 구별된 한 백성의 이야기이자 그 부르심에 대한 다양한 믿음에 따라 다양한 운명에 처한 이 백성의 이야기입니다. 그러나 성경의 일차적인 관심사는 하나 된 연합체로서의 백성과 "나는 너희 하나님이 되고 너희는 나의 백성이 되리라"라고 거듭 말씀하시는 하나님에 있습니다. 교회의 각 구성원이 지닌 차별성은 교회의 다른 지체들로부터 그를 구별시켜 주는 것이 아니고, 그가 그리스도의 교회의 구성원이라는 사실이 그를 나머지 인류로부터 구별시켜 주는 것입니다. 그리고 하나님의 백성은 다른 존재, 곧 "거룩한"

존재이기 때문에 행동으로 그 차별성을 나타내도록 부름을 받았습니다. "나는 여호와 너희의 하나님이니라 너희는 너희가 거주하던 애굽 땅의 풍속을 따르지 말며 내가 너희를 인도할 가나안 땅의 풍속과 규례도 행하지 말고 너희는 내 법도를 따르며 내 규례를 지켜 그대로 행하라 나는 너희의 하나님 여호와이니라"(레 18:2-4). 예수님도 새 이스라엘의 핵심 구성원인 그의 제자들에게 이와 동일한 말씀을 하셨습니다. "이방인의 집권자들이 그들을 임의로 주관하고 그 고관들이 그들에게 권세를 부리는 줄을 너희가 알거니와 너희 중에는 그렇지 않아야 하나니"(마 20:25, 26). 세상과 구별되어 거룩하게 살라는 부르심은 에베소서에도 기록되어 있습니다. "이방인이 그 마음의 허망한 것으로 행함 같이 행하지 말라"(엡 4:17).

이것이 하나님의 백성들이 알아야 할 근본적인 차별성입니다. 차별화는 교회 안에서가 아니라 세상과의 관계에서 이루어져야 합니다. 하나님의 백성들은 서로 하나가 되고, 하나님에게 거룩하기 때문에 이 세상과는 구별되는 것입니다.

그러나 하나님의 백성들은 하나이면서도 그 속에 구별이 존재합니다. 물론 그것은 지위와 관련된 것이 아니라 공동체 내의 기능과 관련해서 그렇습니다.[1] 단일성과 다양성 사이의 차이에 대해 사도 바울은 그의 서신들에서 최소한 세 번 언급하는데,

각 경우마다 여러 지체들로 이루어진 몸을 비유로 들어 설명합니다.

> 우리가 한 몸에 많은 지체를 가졌으나 모든 지체가 같은 기능을 가진 것이 아니니 이와 같이 우리 많은 사람이 그리스도 안에서 한 몸이 되어 서로 지체가 되었느니라 우리에게 주신 은혜대로 받은 은사가 각각 다르니…(롬 12:4-6)

교회의 단일성과 다양성의 조화에 대해 바울은 고린도전서 12장에서 가장 정교하게 설명하고 있습니다. 고린도전서 12장은 모든 그리스도인이 다 같이 한 성령을 받았다는 사실을 강조함으로 시작합니다. 우리가 "예수는 주시다"(1-3절)라고 다 같이 고백할 수 있는 이유는 다 함께 한 성령을 받았기 때문이라고 말입니다. 우리에게 서로 다른 은사들을 나눠 주신 분이 그 동일한 성령입니다(4-11절). 우리는 다 같이 한 성령으로 세례를 받아 한 몸이 되었고, 또 한 성령을 마시게 되었습니다(12, 13절). 그러나 몸은 한 지체가 아니라 여러 지체들로 구성되어 있습니다(14절). 사도 바울은 계속해서 한 성령이 섬김을 위해 주신 서로 다른 영적 은사들 혹은 성령이 '세우신' 다양한 그리스도인의 사역들을 나열합니다(28절).

바울이 나열한 은사와 일꾼들 가운데 어떤 것들은 오늘날 존재하지 않습니다. 특히 앞부분에 언급된 사도와 예언자가 그렇습니다. '능력을 행하는 자'와 같은 일꾼들도 사라진 것 같습니다. 하지만 '교사'라는 직분은 가르치는 은사를 받아 교회를 섬기도록 임명된 사람으로 여전히 존재한다는 것에 우리 모두가 동의합니다. 또한 에베소서 4장 11절에는 교사들이 교회에 잘 정착한 목회사역자인 "목사들"과 연계되어 있습니다. 그리고 이런 식으로 섬기도록 그리스도께서 교회를 위해 임명하신 사람들은 불과 얼마 되지 않습니다.

우리 모두가 속해 있는 몸은 하나이며, 우리가 받은 성령도 하나라서 우리는 동일한 지위와 특권을 함께 누립니다. 그러나 한 몸에 있는 여러 지체는 각자 다른 기능을 수행하도록 각각 성령의 임명을 받고 또 구비됩니다. 어떤 이들은 '목사와 교사'로 세움을 받아 나머지 양떼를 돌보며 가르칩니다. 여기서 우리는 한 가지 질문을 제기하게 됩니다. 두 집단의 관계, 곧 가르치는 자와 가르침을 받는 자, 목자와 양떼, 혹은 비성경적인 용어로 말하면 '성직자'와 '평신도'의 관계는 무엇인가 하는 것입니다. 이 질문에 대해 크게 네 가지 답변이 제시되어 왔습니다.

교권주의

앞서 언급했듯이 '교권주의'란 성직자가 평신도 위에 군림하는 풍조를 말합니다. 교권주의가 만연된 현상은 '평신도'라는 단어를 오용하고 있는 현실 속에서 확인할 수 있습니다. 헬라어 '라오스'(laos)는 단순히 사람들 혹은 어떤 무리를 의미하는 단어였습니다. 세속적 헬라어에서 도시국가의 시민을 지칭할 때 사용되었던 이 단어가 성경에서는 하나님의 백성을 가리킬 때 사용되었습니다. 처음에는 이방인과 대조되는 '이스라엘'(행 4:10)을, 나중에는 이방인을 포함한 '새 이스라엘'(교회)을 가리킬 때 사용되었습니다(행 15:14). 이렇듯 그것은 폭넓은 의미의 단어였고, 특정 집단의 모든 구성원을 가리키는 단어였습니다. 하지만 이 단어는 처음부터 오용될 가능성을 안고 있었습니다. 왜냐하면 지도자들과 백성을 구별할 필요가 있을 때에도 그것을 대중을 가리키는 단어로 사용하는 것이 자연스러웠기 때문입니다. 그리스의 도시국가에서 라오스는 고위 관직을 뜻하는 '클레로스'(kleros)와 구별되어 사용되었습니다. 복음서에 나오는 "대제사장들과 관원들과 백성들(라오스)"(눅 23:13, 비교 20:19)이라는 문장에서 우리는 전자가 후자와 확연히 구분되어 사용되고 있음을 확인할 수 있습니다.

오늘날 이 '라오스'라는 단어는 더욱 전락하여 '프로'와 대비되는 '아마추어', 혹은 '전문가'와 대비되는 '비전문가'와 동의어로 쓰이게 되었습니다. 실제로 이 단어는 자신을 변명할 때("미안하지만 나는 그 분야에 문외한이야") 또는 다른 사람을 비웃을 때("그 사람은 비전문가야. 정확히 모르거든!")처럼 주로 변명이나 깔보는 말로 발전했습니다. 헨드릭 크래머는 헬라어 '이디오테스'(idiotes)도 이와 비슷한 과정을 겪었다고 말합니다. 이 단어는 본래 관리에 대비되는 평민을 의미하거나 유명인에 대비되는 평범한 사람을 뜻했습니다. 산헤드린 공회가 베드로와 요한을 "학문 없는 자(아그라마토이)와 범인(이디오타이)"으로 알았다고 했을 때 사용했던 단어가 바로 이 단어입니다(행 4:13). 그러나 오늘날 이 단어는 교육받지 못한 사람이 아니라 얼간이를 뜻하는 단어로 변질되었습니다.

'평신도'(lay)라는 단어의 평가절하는 '평신도 층'(laity)이라는 단어의 평가절하로 이어졌습니다. 그 과정에서 몇 가지 역사적 요인들이 이를 더욱 가속화했습니다. 신학적으로, 교회의 목사(원문에 사용된 presbyter는 목사 장로와 치리 장로 모두를 의미한다 —옮긴이)를 구약 시대의 제사장과 동일시하고 성찬을 기독교식 제물로 간주하는 말이 주후 3세기 중엽 카르타고의 감독이었던 키프리안(Cyprian)에 의해 최초로 선언되었는데, 이때 구약에 실제로 존재했던 제사장과 일반 백성의 구별이 교회 안으로 슬그머니 들어오게 되었습니다. 그러나 이 구별은 신약성경에서 만인제사장직, 곧 교회 구성원 모두가 제사장이라는 사상으로 대치되었습니다. 실제적인 차원에서는 권위주의적 조치가 비순종적인 평신도들을 복종시키는 데 사용되었기 때문에 치리(discipline)의 문제가 교권주의를 초래한 주된 원인이라고 주장하기도 합니다. 그러나 기독교의 목사/장로는 구약 시대의 제사장이 아니듯이 신약 시대의 사도도 아닙니다. 치리의 행사는 성직자들만의 전유물이 아니라 교회의 모든 회중들에 속해 있는 것입니다. "교회에 말하라"(마 18:17)는 우리 주님의 권고와 근친상간의 죄를 범한 신자를 출교시키는 데 고린도 교회가 한 몸으로 행동하라는 사도 바울의 지시를 보십시오. "… 너희가 내 영과 함께 모여서… 이런 자를 사탄에게 내주었으니… 이 악한 사람은 너희 중에서 내쫓으라"(고전 5:4, 5, 13).

이처럼 평신도를 억누르는 사상이 과거에 발생하긴 했지만 교권주의가 여전히 우리의 사고방식을 물들이고 있다는 사실은 의심할 여지가 없습니다. 헨드릭 크래머는 로마 가톨릭 신학자 이브 콩가르의 말을 인용해 다음과 같이 말합니다. "평신도들은 언제나 교회에서 종속적인 계급을 형성할 것이다."[2] 영국 성공회는 이런 말로 표현하지는 않았지만 종종 이런 의식을 드러내는 행동을 보였습니다. 그리고 실제로 대부분의 영국 그리스도인들도 이런 생각을 하고 있습니다. 사람들이 무의식적으로 교회를 성직자 층과 동일시하는 현상은 흔히들 사용하는 몇 가지 표현에서 드러납니다. 어떤 사람이 목회자가 되려고 하는 것을 "교회에 들어가려고 한다"라고 표현하거나, "왜 목사나 장로는 아무 일도 하지 않느냐?"는 말을 "왜 교회는 아무런 행동을 취하지 않느냐?"는 식으로 표현합니다.

목회자인 나를 포함해 우리 중 어느 누가 이런 잘못으로부터 자유로울 수 있겠습니까! 평신도들 중에 이런 교권주의를 너무 쉽게 따르는 사람들이 있는 건 사실입니다. 그런 사람들은 시간이 없다, 자신은 훈련을 받지 못했으니 전문가들에게 맡기는 게 좋겠다, 자신은 사회에서 여러 가지 중책을 맡고 있기에 교회에서 만큼은 수동적으로 조용히 있고 싶다는 식의 변명을 늘어놓습니다. 이것은 하나님이 모든 그리스도인에게 주신 의무와 특권을 성직자에게 떠넘기는 무책임한 행동입니다. 이런 모습을 존 로렌스(John Lawrence) 경은 다음과 같은 말로 따끔하게 지적합니다. "평신도가 진짜로 원하는 것은 무엇일까? 그럴듯한 교회 건물, 자기 마음에 드는 옷을 입은 목사, 익숙한 예배 의식, 그리고 자기를 가만히 있도록 내버려 두는 것이다."[3]

그래서 우리 성직자들은 그들의 변명을 받아들여 교회 모든 구성원들에게 속한 권리를 성직자의 특권으로 차지하게 되었습니다. 하나님께 감사한 것은 좀 더 성경적으로 살고자 하는 평신도들이 다음과 같이 반기를 든다는 점입니다. "우리 목사님의 눈에는 우리가 헌금하는 사람이나 요리하는 사람, 시키는 일만 하는 기계 정도로밖엔 안 보이나 봐. 실은 의미 있는 사역에 참여하고 싶어서 죽을 지경인데 말이야."[4] 케네스 그럽 경은 1세기 전 영국의 로마 가톨릭 평신도들이 이런 식의 '건방진' 모습을 보였을 때 어떤 일이 일어났는지 다음과 같이 기록하고 있습니다. 그럽 경은 "그들은 완전히 깔려 버리고 말았다"라고 말합니다.

> 1857년 몬시뇰 조지 탈보트(George Talbot)는 매닝 대주교에게 다음과 같은 서신을 보냈습니다. "평신도의 영역은 어디에 있냐고요? 사냥, 사격, 유흥 같은 것들에 대해 그들은 잘 알고 있습니다. 하지만 교회와 관련한 문제에 간섭할 권리는 그들에게 전혀 없습니다!"[5]

성직자는 종종 이와 같은 독단에 빠지기 쉽습니다. 안건을 발의하거나 회의를 주재하는 데 있어 특히 그렇습니다. 물론 특정한 문제들(공예배의 인도 같은 것)은 성직자의 전유물이라 평신도와는 무관하다고 주장할 수는 있습니다. 교회의 당회와 여러 위원회에 "성령과 하나님의 말씀을 잘 따르지 않는"[6] 육에 속한 신자들도 포함되어 있다는 사실도 의심의 여지가 없습니다. 그런 사람들은 지역 교회의 건강과 유익과 관련된 중요한 영적 문제들을 잘 처리할 수 없을 것입니다. 어떤 경우에는 당회 구성원들이 그들의 분별력과 영성을 보여 줌으로써 당회장의 신뢰를 받을 필요도 있습니다. 그러나 하나님이 목회 사역을 축복하시고, 선출된 위원회가 성숙하고, 책임감 있는 남녀 그리스도인들로 구성되고, 위원회와 성직자 사이에 신뢰와 존중이 있다면, 교회의 삶과 예배, 사업과 전도 등에 영향을 미치는 안건들 가운데 제외시킬 수 있는 것은 아무것도 없습니다.[7] 올 소울즈 교회에서의 내 경험에 비춰 봐도 공예배, 교인 상호 간의 교제, 전도 프로그램 등의 안건들을 놓고 다 함께 우선순위를 논의한 우리의 연례 회의는 매우 유익했으며 교회 성장의 계기가 되었다고 말할 수 있습니다.

나아가, 일단 안건이 상정되면 목사는 각 위원회의 규칙에 따라 민주적 절차를 따를 수밖에 없습니다. 목회자가 해야 할 일은 해당 위원회가 토론을 거쳐 합의에 이를 수 있도록 도와주는 것입니다. 회의가 곁길로 빠지지 않도록 하되 회의를 좌지우

지해서는 안 됩니다. 올 소울즈 교회의 당회는 어떤 문제든지 성령께서 그분의 능력으로 우리를 일치된 마음, 그리스도의 마음으로 인도하실 것을 굳게 믿습니다. 그렇기 때문에 우리 위원회는 투표를 한 적이 거의 없습니다. 다수결에 의한 문제 해결은 대체로 성령을 믿지 못하는 조급한 마음의 징표라고 생각했기 때문입니다. 그런 결정은 당장의 문제 해결에는 효과적일지 모르나 불협화음의 씨앗이 될 가능성이 높습니다. 물론 의견이 일치하지 않은 경우도 여러 번 있었습니다. 그러나 조급하게 처리해서 분열을 조장하기보다는 더디더라도 계속 기도와 대화를 해 나가며 합의에 도달하는 것이 우리의 정책입니다. 올 소울즈 교회에서도 두 번의 매우 심각한 의견 대립이 있었습니다. 첫 번째는 비어 스트리트의 성 베드로 교회에 있는 아름다운 그레고리안 예배당의 낡은 파이프 오르간을 수리하느냐 아니면 전자 오르간으로 대치하느냐 하는 문제였습니다. 두 번째는 공적 예배에서 현대식 영어를 사용하는 문제, 특히 하나님을 "당신"으로 표현할 수 있는가 하는 문제였습니다. 이에 대한 매우 첨예한 의견들이 양측에서 대두되었고 서로의 의견에 반대하는 주장들이 개진되었습니다. 수개월에 걸친 토론에도 그 논쟁은 일치를 보지 못하고 계속 첨예하게 대립되기만 할 뿐이었습니다. 서로 합의에 도달할 수 있을지 의심스러워서 차라리 투

표로 결정하는 것이 낫지 않겠냐는 의견도 나왔습니다. 하지만 우리는 인내심을 갖고 서로의 의견을 더욱 경청하고 상대방의 마음을 이해하려고 노력하며 기도하기로 했습니다. 그리하여 마침내 만장일치라는 결과를 얻었습니다.

그러나 나는 개인적으로 이런 더디고 민주적인 그리고 기독교적인 진행과정이 언제나 마음에 드는 것은 아니었음을 고백합니다. 어떤 문제가 얽히게 되면 누구나 인내심을 잃고 비상수단을 쓰고 싶은 유혹을 받습니다. 하지만 독단적인 교권주의는 교회를 파괴시키고, 성령을 거스르고, 그리스도에게 불순종하는 결과를 가져옵니다. 이 문제에 관한 우리 주님의 가르침은 분명합니다.

… 이방인의 집권자들이 그들을 임의로 주관하고 그 고관들이 그들에게 권세를 부리는 줄을 너희가 알거니와 너희 중에는 그렇지 않을지니, 너희 중에 누구든지 크고자 하는 자는 너희를 섬기는 자(디아코노스)가 되고, 너희 중에 누구든지 으뜸이 되고자 하는 자는 모든 사람의 종(둘로스)이 되어야 하리라 (막 10:42-44)

이 둘은 완벽한 대조를 이룹니다. 세상 지도자의 리더십이 군림과 권세를 특징으로 하는 반면, 그리스도인의 리더십은 섬김과 종의 자세를 특징으로 합니다. 헨드릭 크래머는 "권력욕과 지배욕이 섬기고 싶은 마음으로 바뀌었다"라고 명쾌하게 말합니다.[8] 이 점에서도 예수님이 완벽한 모델입니다. 예수님은 "자기를 비워 종의 형체를 입으셨습니다"(빌 2:7). 주님이자 선생이었던 그분은 종의 자세로 제자들의 발을 씻김으로써 그들을 섬기셨습니다(요 13:3-15). 다락방에서 가졌던 그 모임에서 이어서 "나는 섬기는 자로 너희 중에 있노라"(눅 22:24-27)라고 말씀하셨습니다. 여기에 덧붙여 그분은 "내가 주와 또는 선생이 되어 너희 발을 씻었으니 너희도 서로 발을 씻어 주는 것이 옳으니라. 내가 너희에게 행한 것 같이 너희도 행하게 하려 하여 본을 보였노라"라고 말씀하셨습니다(요 13:14, 15). 마이클 그린(Michael Green)은 그의 저서 『섬김으로 부름받다』에서 "예수님은 종이시다. … 교회는 그 종의 교회여야 한다"[9]라고 말했습니다.

군림과 섬김 간의 선택은 지금도 교회의 사역자로 부르심을 받은 모든 사람이 직면하는 문제입니다. 사도들은 이 문제를 분명하게 의식하고 있었습니다. 바울은 "우리가 너희 믿음을 주관하려는 것이 아니요 오직 너희 기쁨을 돕는 자가 되려 함이니"(고후 1:24)라고 썼으며, 베드로 또한 "맡은 자들에게 주장하는 자세를 하지 말고 양 무리의 본이 되라"(벧전 5:3)라고 말했습니다.

반교권주의

성직자와 평신도 사이의 관계에 대한 두 번째 답변은 위에서 다루었던 것과 정반대되는 정신입니다. 나는 첫 번째 것을 '교권주의'라 칭했으므로 두 번째 것은 '반교권주의'라고 부르겠습니다. 교권주의가 평신도를 평가절하하고 마치 그들이 존재하지 않는 것처럼 행동하는 것이라면, 반교권주의는 성직자를 평가절하하고 마치 그들이 존재하지 않는 것처럼 행동하거나 그들이 차라리 없었으면 좋겠다고 생각하는 것입니다.

반교권주의는 교권주의에 대한 자연스런 반작용입니다. 퀘이커교와 형제단이 바로 그런 교권주의의 폐해가 가장 극심하던 시기를 역사적 배경으로 해서 탄생한 기독교 종파입니다. 이들은 안수를 받은 목회자를 세우지 않고 대신, 교회 내에서 존경받는 평신도들을 지도자로 세워 회의나 집회를 "감독하도록" 합니다.

진도를 더 나가기 전에 우리는 신약성경에 실제로 이와 같은 반교권주의적 혼적들이 있음을 알 필요가 있습니다. 그러나 성경에 나타난 반교권주의는 권위를 남용한 교회 지도자들에 대한 반작용으로 생긴 것이 아니라, 오히려 추종자들이 지도자들을 지나치게 존경한 나머지 생긴 문제였습니다. 이것을 우리는 특정 개인을 추앙하는 문제를 다룬 고린도전서 1장 12절에서 확인할 수 있습니다. 고린도 교회 교인들은 마치 바울이 십자가에 달린 구세주이며 바울의 이름으로 세례를 받은 것인 양 바울을 열렬하게 추종했습니다. 그러나 바울은 그리스도 이외의 특정 인물을 향한 이러한 충성심을 맹렬히 비난했습니다. "아볼로는 무엇이며 바울은 무엇이냐"(고전 3:5). 그는 이 구절에서 일부러 중성대명사인 '무엇'을 사용했는데, 이는 "도대체 여러분은 우리가 무슨 대단한 물건이라도 되는 양 그런 말도 안 되는 충성을 우리에게 하고 있습니까?"라고 강하게 책망하고 있는 것입니다. 이어서 사도는 자기의 직분을 비방하다시피 하면서 자신이 던진 질문에 스스로 이런 식으로 답합니다. "우리는 그저 하나님이 쓰시길 기뻐하시는 종(디아코노이), 즉 시중드는 웨이터일 뿐입니다." 성직자는 자신을 그리스도의 '일꾼'이며 하나님의 계시를 전하도록 위탁받은 청지기일 뿐이라는 인식을 가져야 합니다(고전 4:1). 성직자 자신뿐 아니라 평신도들도 성직자를 그렇게 여겨야 합니다.

20세기 후반에 들어와서 반교권주의의 새로운 형태가 등장하기 시작했습니다. 그것은 성직자의 권력 남용에 대한 반발이 아니라, 성직 자체에 대한 반작용으로 성직 무용론이라고 할 수 있습니다. 오늘날의 도시화와 산업화는 전통적인 교구 제도를 비효율적인 것으로 만들어 버렸습니다. 이전에는 목회자가 주도했던 지역봉사 활동이 지금은 복지국가의 소관으로 넘어갔고, 성직자가 수행했던 상담사역이 정신과 의사와 전문상담사의 손에 양도되었습니다. 오늘날 수많은 사람들이 성직자의 존재 목적과 필요성에 대해 의문을 제기합니다. 이러한 시대 현상을 어떤 이는 '반교권주의'가 아니라 '무교권주의'라고 부르기도 합니다. 우리는 현실을 정직하게 대면해야 합니다. 성직자에게 어떤 선택의 여지가 있는 것일까요? 평신도가 교회의 모든 사역을 감당해야 하는 것일까요?

이 문제에 대한 답을 우리가 신약성경에서 찾는다면, 우리는 어떤 종류의 목회 사역은 그분의 교회를 향한 그리스도의 영원한 목적의 한 부분이라고 결론 내려야 합니다(그것이 유급 목회든 무급 목회든, 또는 상근 목회든 비상근 목회든, 또는 담임 사역이든 순회 사역이든). 또한 우리는 그것을 폐지할 어떤 권한도 없다고 결론지어야 합니다.

사도들의 지위와 그 계승자들의 문제에 대한 우리의 견해가 무엇이든 예수님이 친히 열두 명의 제자들을 세우셨고 특별한 사역을 위해 그들을 훈련시키셨다는 사실은 분명합니다. 또한 열두 사도들이 교회 행정으로 인해 하나님 말씀을 제쳐 놓는 것이 마땅하지 않다고 판단해 기도와 말씀 전하는 일에 전념하기 위해 일곱 집사를 세운 것도 분명한 역사적 사실입니다. 그런데 이 두 집단은 어떤 면에서 유일무이한 사례였습니다. 교회에 리더십의 패턴이 생기기 시작한 것은 바울의 선교 여행부터였던 것 같습니다. 루스드라, 이고니온, 안디옥 같은 갈라디아 지역의 도시들을 재차 방문할 때 바울과 바나바가 각 교회에서 장로들을 임명한 뒤에 금식을 하면서 기도했다(행 14:23)는 사실은 매우 의미심장합니다. 이처럼 리더십을 세우는 것은 바울의 사역 내내 계속된 일관된 행동이었습니다. 사도행전에 따르면 빌립보 교회에서 장로(감독)를 임명했다는 기록이 없지만, 빌립보서를 보면 장로들과 집사들이 언급되고 있는 것을 우리는 알 수 있습니다(빌 1:1). 누가는 사도행전에서 에베소 교회에서 장로가 임명되었다는 것을 언급하지 않습니다. 그러나 바울은 에베소 교회의 장로들을 밀레도로 불러 사도행전 20장에 기록된 그 유명한 설교를 합니다. 그리고 그와 동일한 패턴이 바울의 목회서신에서 계속 이어지고 있습니다. "내가 너를 그레데에 남겨 둔 이유는 남은 일을 정리하고 내가 명한 대로 각 성에 장로들을 세우게 하려 함이니"라고 바울은 디도에게 썼습니다 (딛 1:5). 이 사도는 목자들이 사람의 제도에 따라 선택되고 임명되지만, 사실 목자들은 그리스도께서 그분의 교회에 준 선물이라고 선언합니다(엡 4:11).

우리는 여기서 더 나아가 장로들이 지역 교회에서 실제로 리더십의 위치를 차지하고 있었다고 말해야만 합니다. 이 리더십의 성격을 나타내는 데 두 개의 중요한 단어가 사용되었습니다. 첫 번째 단어는 '다스리다'라는 뜻의 '프로이스테미'라는 헬라어입니다. "형제들아 우리가 너희에게 구하노니 너희 가운데서 수고하고 주 안에서 너희를 다스리며 권하는 자들을 너희가 알고 그들의 역사로 말미암아 사랑 안에서 가장 귀히 여기며 너희끼리 화목하라"(살전 5:12, 13). 디모데전서 3장 5절에서 바울은 "자기 집을 다스릴 줄 알지 못하면 어찌 하나님의 교회를 돌보리요?"라고 묻습니다. 여기에 '가정을 다스리다'라는 뜻으로 사용된 헬라어가 바로 위에서 사용된 '프로이스테미'인데, 하나님의 집을 돌본다는 뜻으로 사용될 때는 바뀌게 됩니다. 디모데전서 5장 17절에서 사도는 어떤 장로들은 '배나 존경할 자'라고 말하는데, 그들은 바로 '잘 다스리는 장로들'입니다. 여기서 다시 헬라어 '프로이스테미'를 사용했습니다.

아른트 깅그리히(Arndt-Gingrich) 헬라어 사전에 의하면 이 단어는 두 가지 의미를 갖고 있습니다. 첫 번째는 '선두에 서다, 다스리다, 지시하다'이고, 두 번째는 '염려하다, 돌보다, 도움을 주다'입니다. 로마서 12장 8절의 "긍휼을 베푸는 자"와 디도서 3장 8절과 14절의 "선한 일을 힘쓰다", "좋은 일에 힘쓰다"에서는 이 단어가 두 번째 의미로 사용되었습니다. 그러나 장로와 집사들이 집을 다스린다고 할 때는 이 단어가 "머리 됨" 혹은 "감독"을 묘사하는 듯합니다. 그러므로 데살로니가전서 5장 12절과 디모데전서 5장 17절에서 하나님의 집을 다스리는 책임을 말할 때도 그와 비슷한 권위를 염두에 두고 있을 것입니다. 어쨌든 우리는 장로의 리더십은 사람들 사이에 '수고함'으로 행사되어야 하며, 이 '수고'는 바울이 디모데전서 5장 17절에서 말하는 '말씀과 가르침'이라는 것을 알아야 합니다.

성직자의 리더십을 묘사하는 데 쓰인 두 번째 단어는 '인도하다'라는 뜻의 헬라어 '헤게오마이'입니다. 이 단어는 히브리서 13장에 세 번 나오는데, "너희를 인도하던 자들"이라고 번역되었습니다. 이와 동일한 단어가 사도행전 7장 10절에서 요셉이 "애굽과 자기(바로) 온 집의 통치자"로 세워졌다고 할 때 사용되었습니다. 예언자 미가의 말에 나오는 그리스도에게도 이 단어가 사용되었습니다. "네게서(베들레헴) 한 다스리는 자가 나와서 내 백성 이스라엘의 목자가 되리라"(미 2:6). 이 단어가 히브리서 13장에서 지역 교회의 지도자들, 장로로 추측되는 사람들을 기술하는 데 사용되고 있기 때문에 우리는 목사에게 모종의 '다스리는 권위'가 있음을 부인할 수 없습니다. 하지만 이 말의 의미에 대해서는 신중하게 생각할 필요가 있습니다. 누가는 예수님이 이렇게 말씀하셨다고 기록하고 있습니다. "너희 중에 큰 자는 젊은 자와 같고 다스리는 자는 섬기는 자와 같을지니라"(눅 22:26). 이를 볼 때 예수님은 교회 안에 '지도자'의 존재를 인정하셨지만 그 지도자의 역할은 섬기기 위한 것이라고 말하셨음을 알 수 있습니다. 그리고 히브리서 13장의 문맥은 이러한 지도자로서의 섬김이 어떠해야 하는지를 우리에게 구체적으로 보여 주고 있습니다. 히브리서 저자는 교회 지도자들에게 '순종하고 복종하는' 것이 마땅한데, "그들(지도자들)은 너희 영혼을 위하여 경성하기를 자신들이 청산할 자인 것 같이 하기"(히 13:17; 고전 16:16) 때문이라고 말합니다. 또한 교회 지도자들은 "하나님의 말씀을 너희에게 일러 준" 자들임을 상기시키고, "그들의 믿음을 본받으라"고 말합니다(히 13:7).

이러한 증거들을 요약해 보면, 성경적 그리스도인이라면 누구도 목사가 필요하지 않다거나 그 권위를 부정하는 극단적인 반교권주의를 주장할 수 없다고 우리는 결론내릴 수 있습니다. 그렇습니다! 그리스도와 그의 사도들은 교회가 감독(장로)을 임명하기를 바랐습니다(행 20:28; 벧전 5:2). 감독은 '다스릴' 권한을 갖고 있습니다. 그러나 그것은 일종의 섬김으로 봐야 하고, 사람들의 영혼을 지켜보는 일과 특히 하나님의 말씀을 가르치는 일과 본보기를 통해서 행사되어야 하는 것입니다. 우리는 으뜸이 되려고 했던 디오드레베의 정신을 경계해야 합니다(요삼 9절). 성직자는 주인이 아니라 감독자로 부르심을 받았습니다. 강제가 아니라 교훈과 본으로 인도하는 자로 부르심을 받은 것입니다.

이분법

교권주의와 반교권주의라는 두 극단을 피하기 위해 우리는 이분법이라는 타협안을 수용해야 할까요? 다시 말해 성직자와 평신도 모두 하나님의 부르심을 받았지만 부르심의 영역이 다르기 때문에 우리는 이 둘의 영역을 따로 구분해 놓고 어떤 교류도 하지 않아야 할까요? 이것이 성직자와 평신도의 관계에 대해 일반적으로 제시되는 세 번째 답변입니다.

이 세 번째 답변은 지금도 여전히 로마 가톨릭이 견지하는 입장입니다. 이것은 제사장과 백성을 구분해 놓은 구약에 기원을 두고 있는 것 같습니다. 구약 시대에는 분명 백성들의 성전 출입과 제사집행이 철저하게 금지되어 있었고, 제사장들은 하나님 앞에 거룩하다는 이유로 여러 가지 행동이 금지되어 있었습니다. 그러나 중세의 수도원주의의 확산으로 인해 점차 세상과 교회, 성과 속의 구분이 재앙에 가까울 정도로 극단으로 치달았습니다. 12세기 법학자였던 그라티안(Gratian)은 "두 종류의 그리스도인이 있다"고까지 말할 정도였습니다. 로마 가톨릭은 교회법으로 성직자의 신분과 평신도의 신분에 대해 엄밀한 정의를 내렸고 둘 사이의 차이를 매우 상세하게 규정해 놓았습니다.

제2차 바티칸 공의회 문서는 평신도의 중요성을 새롭게 강조하고 있는데, 이는 매우 환영할 만한 일입니다. 평신도의 사도직에 관한 법령을 소개하면서 마르틴 보르크(Martin H. Work)는 한 평신도의 신랄한 글을 인용합니다.

평신도의 사도직은 교회의 사도적 삶의 '뒷쪽 버너' 위에서 거의 2천 년 동안 끓고 있었다. 그러나 마침내 이 종교회의의 신부들이 이것을 '앞쪽 버너' 위로 옮겨 놓고 계속해서 열을 가하고 있다.

마르틴 보르크는, 이 주제가 "곧 뜨겁게 달궈지기를 모든 사람이 간절히 바라고 있다"라고 덧붙입니다.[10] 이 공의회에서 제일 처음 나온 문서 중 하나인 교회 교리 헌법(*Lumen Gentium*)은 성직자와 평신도가 동등하게 존엄하다는 점을 명백히 밝히고 있습니다. 예를 들어 "교회에 속한 모든 사람들, 즉 그리스도의 몸을 세우는 신실한 사람들은 모두 다 같이 존엄하며 사역에 있어 진정으로 평등하다"[11]라고 발표했을 뿐 아니라 "사제들은 교회에서 평신도의 책임과 함께 그들의 존엄성을 인정하고 증진시켜야 한다"[12]라고 분명히 명기하고 있습니다.

그러나 그 문서에는 예전의 견해의 흔적도 뚜렷하게 남아 있습니다. 1943년에 발표된 교황 회칙 '그리스도와의 신비로운 연합'(*Mystici Corporis Christi*)은 주교들을 교회의 "일차적이고 가장 중요한" 구성요소라고 진술했었습니다. 제2차 바티칸 공의회 문서는 이에 찬동하며 "주교를 통해… 우리 주 예수 그리스도는… 믿는 자들 가운데 현존하신다"[13]라고 말합니다. 이는 교회가 구성되고 그리스도의 현존이 중재되는 일은 여전히 주교에 의해서만 가능하다는 뜻입니다. 교회에 관한 교리를 다룬 장들의 순서는 이 면에서 특히 중요합니다. 처음 두 장에는 '교회의 신비'와 '하나님의 백성'이라는 제목이 붙어 있습니다. 그러나 3장의 제목은 '교회의 성직 구조, 특히 주교단에 관해'인데 비해, '평신도'란 주제는 따로 분리되어 4장에 가서야 다루어집니다. 4장은 이렇게 시작합니다. "이제까지 성직자들의 기능에 대해 설명한 만큼, 이 거룩한 공의회는 평신도라 불리는 신자들의 지위에 기꺼이 주목하는 바이다"[14] 즉, 평신도는 여전히 이등급 시민이라는 것입니다. 평신도들은 스스로 교회를 구성하지 못합니다. "거룩한 목자들이 평신도 층이 교회에 매우 지대한 공헌을 하고 있음을 알고 있을 따름이다."[15] 여기에서 주교와 사제들이 '구성한다'는 동사와 평신도들이 '공헌한다'는 동사가 이원론이 여전히 그들 가운데 존재하고 있음을 보여 주고 있습니다.

정교회의 견해 또한 로마 가톨릭의 관점과 유사합니다. 그나마 정교회는 로마 가톨릭에 비해 덜 이원론적입니다. 헨드릭 크래머는 어떤 이의 말을 인용해 이를 다음과 같이 표현했습니다. "성직자와 평신도는 다 같이 교회의 충만(플레로마)을 이룬다."[16] 어쨌든 로마 교회와 대조적으로 정교회는 "다 함께 능동적으로 참여하는 구원받은 공동체로서의 교회라는 더 생동감 있고 직접적이고 통전적인 의식을" 소유하고 있습니다.[17]

영국 성공회는 어떨까요? 앞에서 언급한 제2차 바티칸 공의회의 교회론과는 대조적으로 제4차 람버트 회의는 "목회사역에서의 갱신"에 관한 보고서에서 그와 정반대의 순서를 취하고 있음은 매우 환영할 만한 일입니다. 그 보고서는 '남자 평신도와 여자 평신도'로부터 시작해 다음에는 성직자, 마지막으로는 감독단으로 끝을 맺고 있습니다. 그러나 비록 신학적으로 분명하게 규정되지는 않았지만 꽤 경직된 이원론이 영국 성공회에서도 여전히 용인되고 있음을 알아야 합니다. '목사가 해야 할 일이 있고 평신도가 할 일이 있다. 그 일들은 서로 다르므로 구분되어야 한다. 양쪽 모두 상대편의 영역에 침범해서는 안 된다.' 이런 식의 성직자와 평신도의 관계는 쉽게 경쟁 관계로 전락할 수 있습니다. 최악의 경우에는 특히 성직자가 속으로 '내 영역에 간섭하지 마라'는 자세를 취할 수 있습니다. 이는 평신도에게 자신들보다 덜 중요하고 낮은 역할을 부여하는 의식구조입니다. 그렇기 때문에 이것은 앞서 우리가 거부했던 교권주의와 아무런 차이가 없습니다. 가장 이상적인 경우에는 진정한 동반자 관계가 이루어지는 것인데, 이는 교권주의나 반교권주의보다 훨씬 더 낫고, 목사와 평신도 모두가 서로의 영역을 존중하는 가운데 조화롭게 공존할 수 있습니다. 이것이 조지 고이더(George Goyder)가 자신의 책 『백성들의 교회』(The people's Church)에서 열렬히 호소했던 바로 그 '동반자 관계'의 모습입니다.

그러나 계속해서 우리는 이원론에 대해 조금 더 조사하면서 그 근거가 무엇인지 물어볼 필요가 있습니다. 이원론은 신약성경에서 그 근거를 찾을 수 없습니다. '클레로스'와 '라오스'가 고대 그리스의 도시국가에서는 고위 관료와 평민을 구분하는 데 사용했던 단어였습니다. 그러나 신약성경은 "그들은 다른 사람들이 아니라 같은 사람들이다"[18]라고 말합니다. 구약성경에서 나오는 각각 다른 의무와 권리를 지닌 제사장 집단과 백성의 구별이 신약성경으로 이어지지 않는다는 사실을 우리는 다시 한 번 주목해야 합니다. 제사장을 뜻하는 헬라어 '히에레우스'라는 단어는 신약성경에서 오직 세 부류의 사람에게만 사용되고 있습니다. 첫째는 구약의 제사장들, 둘째는 예수 그리스도를 가리키는 "하나님의 집 다스리는 큰 제사장"(히 10:21), 셋째는 그리스도가 "하나님 아버지를 위한 제사장"(계 1:6; 5:10; 20:6)으로 삼은 모든 그리스도인입니다. 모든 그리스도인은 예수 그리스도를 통해 하나님이 받으시는 찬송과 감사의 영적 제사를 다 함께 끊임없이 드리는 제사장들입니다(벧전 2:5). 제사장이라는 단어가 기독교 성직자에게 사용된 적이 한 번도 없었다는 것은 우리 모두에게 잘 알려져 있는 사실입니다. 기독교 성직자는 장로이지 제사장이 아닙니다!

이처럼 신약성경이 '클레로스'와 '라오스', 즉 제사장과 백성을 구분하지 않고 오직 회중과 지도자만을 구분한다면 성직자와 평신도의 기능상의 차이는 무엇일까요? 영국 성공회는 공인된 평신도 사역자는 예배를 인도하고 설교도 할 수 있다고 인정합니다. 그리고 특별한 허락을 받으면 성찬식에서 포도주를 분잔할 수 있습니다. 그런데 포도주는 분잔할 수 있지만 떡은 분병할 수 없다는 규정이 성경적인 근거를 갖고 있습니까? 헨드릭 크래머는 실레지아 지역이 폴란드로 합병되었을 당시 그곳의 루터교 복음주의 교회들에서 어떤 일이 발생했는가를 우리에게 들려줍니다. 당시는 200명의 목사 중 198명이 피난을 간 상황이었습니다.

> 평신도들이 설교를 비롯한 주일예배와 성례의 집행, 성인과 어린이를 위한 신앙 교육, 온갖 목회사역 등 교회의 모든 사역을 떠맡았다.

안 될 이유가 어디에 있습니까! 비상시엔 다른 방도가 없습니다. 따라서 우리는 구분이라는 용어로 성직자와 평신도의 영역을 따로 구분하여 양자의 관계를 설명하려는 이분법을 배격해야만 합니다. 물론 우리는 말씀과 성례의 사역을 대체로 성직자의 역할로 한정시킬 필요가 있습니다. 성공회 교회법 28조는 "적법하게 부르심을 받고 그것을 행하도록 보냄을 받기 전에는 아무나 공적 설교와 성례전을 회중에 시행해서는 안 된다"[19]라고 말하고 있습니다. 그러나 우리는 이것이 교리가 아니라 규정의 문제임을 분명히 해야 합니다. 이 규정 자체는 목사와 평신도의 관계에 대한 성경적 근거를 충분히 제공해 주지 않습니다.

섬김

성직자는 평신도 위에 군림하려고 해서는 안 됩니다(교권주의). 그렇다고 성직자가 필요하지 않다며 성직의 역할을 부인해서도 안 됩니다(반교권주의). 또는 평신도와 성직자의 역할과 영역을 명확하게 구분지어 서로의 영역에 침범하지 않게 담을 쌓으려고 해서도 안 됩니다(이분법). 그 대신, 평신도들이 교회이며, 성직자는 평신도를 섬기기 위해, 하나님이 의도하셨던 모습이 되도록 그들을 구비시키기 위해 세우심을 받았다는 사실을 인식해야 합니다. 이것이 성직자와 평신도의 관계를 가장 바람직하게 설명하는 네 번째 답변입니다.

성직자는 지배하기 위해서가 아니라 섬기기 위해 부르심을 받았습니다. 우리는 그리스도의 종이요, 그분의 '일꾼'이며 '심부름꾼'입니다. [20] 또한 그리스도를 위해 다른 사람들을 섬기는 종입니다(고후 4:5). 이것은 그리스도의 모든 제자들에게 해당되지만 교회 지도자에게 특히 그러합니다. "다스리는 자는 섬기는 자와 같을 지니라"(눅 22:26). 윈체스터의 한 감독이 교구 회의에서 제2차 바티칸 공의회 이후 로마 가톨릭에서 돌고 있는 말을 소개한 적이 있습니다. "감독은 성직자의 종이요, 성직자는 평신도의 종이요, 평신도는 문제가 있는 종을 거느린 왕이다." 이렇듯 성직자의 소명은 평신도를 섬기는 일이라고 묘사해도 무방할 것입니다. 우리는 성직자들이 그것을 어떻게 실천하기를 하나님이 바라고 계신지 알려고 노력해야 합니다.

사도 베드로는 첫 번째 서신에서 하나님이 출애굽기 19장 4-6절에서 모세를 통해 이스라엘 백성을 지칭한 문구를 새 이스라엘, 즉 교회에 적용하고 있습니다. 이를 통해 사도는 누가 하나님의 백성이며, 하나님의 백성이 해야 할 의무와 역할은 무엇인지를 알려 줍니다. 첫 번째로 그리스도인은 그리스도를 통해 하나님이 받으시는 영적 희생 제물을 드리는 거룩한 제사장입니다. 오늘날 흔히들 교회는 세상을 위해 존재한다고 말합니다. 이는 균형 잡히지 않은 반쪽짜리 진리입니다. 교회는 무엇보다 하나님을 위해 존재합니다. 하나님은 하나님의 백성을 세상에서 불러내어 그의 특별한 백성, 자기 이름을 위한 백성이 되게 하셨습니다(딛 2:14; 벧전 2:9; 행 15:14). 이는 하나님의 백성이 하나님의 이름에 합당한 영광을 그분에게 드리게 하기 위해서입니다. 교회의 가장 중요한 의무는 예배하는 것입니다. 그렇기 때문에 평신도에 대한 성직자의 가장 중요한 섬김은 그들의 예배를 돕고, 예배하는 법을 가르치고, 그들의 예배 시간을 인도하는 것입니다.

두 번째로 베드로는 그리스도인에 대해 다음과 같이 이야기합니다.

그러나 너희는 택하신 족속이요 왕 같은 제사장들이요 거룩한 나라요 그의 소유가 된 백성이니 이는 너희를 어두운 데서 불러 내어 그의 기이한 빛에 들어가게 하신 이의 아름다운 덕을 선포하게 하려 하심이라(벧전 2:9)

교회의 가장 중요한 의무가 하나님을 향한 것(예배)이라면 그 다음으로 중요한 의무는 사람을 향한 것(증거)입니다. 일반적으로 말해 교회는 사역으로 부르심을 받았습니다. 교회는 각각 수행할 사역이 있는 여러 지체들과 기관들로 이루어진 몸입니다. "사역은 여러 가지나 모든 것을 모든 사람 가운데서 이루시는 하나님은 같으니"(고전 12:5). 이러한 사역이 바로 섬김(디아코니아)입니다. 이렇듯 그리스도인의 사역은 안수를 받은 성직에 국한되지도, 국한될 수도 없습니다. 케네스 차핀(Kenneth Chafin)은 『평신도 사역』에서 프랜시스 아이어스(Francis O. Ayers)의 말을 이렇게 인용합니다.

> 당신이 세례를 받은 그리스도인이라면 당신은 이미 사역자다. 안수를 받았든 받지 않았든 그것은 중요하지 않다. 당신이 어떤 반응을 보이는지와 상관없이 이 말은 옳다. 당신은 이 주장에 대해 놀라거나 경계하거나 즐거워하거나 반발할 수도 있다. 혹은 이 말을 의심하거나 순순히 따르거나 비난하거나 분노할 수도 있다. 그러나 당신이 그리스도의 사역자라는 사실은 변하지 않는다.[21]

주님이 평신도에게 주신 가장 큰 사역은 예수 그리스도를 증거하는 것입니다. 예수 그리스도에 관한 좋은 소식을 전파하는 복음전도입니다. 여러 면에서 평신도는 성직자에 비해 더 효과적으로 이 사역을 수행할 수 있는 위치에 있습니다. 평신도는 "세상에 몸담고 있는"[22] "흩어져 있는 교회"[23]이기 때문입니다. 실제로 그들은 성직자보다 더 깊숙이 세상 속으로 들어갈 수 있습니다. 그렇기 때문에 헨드릭 크래머는 이렇게 주장합니다.

"평신도가 자신의 임무를 수행하고 그리스도인답게 살아갈 수 있도록 평신도를 섬기는 것이 성직자의 일이다."[24] 이에 덧붙여 우리는 케네스 그럽 경의 다음의 말에 귀를 기울일 필요가 있습니다.

> 평신도의 임무는 개척자가 되는 것이다. 평신도는 세상 속에 살고 있고, 일터에 있고, 어느 동네에 거주하고, 출장을 가고, 노조에 가입하고, 동우회에 참여하고 있다는 사실 때문에 이미 개척자의 역할을 맡고 있다. 세상 속의 개척자로서 평신도는 성직자에게 세상에서 개척자로 산다는 것이 무엇인지를 많이 얘기해 줄 수 있다.[25]

여기에, 평신도들이 각기 처한 상황에서 그리스도를 위해, 그리고 그리스도를 증거하며 살 수 있도록 도와주는 것이 목회자인 성직자의 역할이라고 덧붙여도 무방합니다. 이에 관해서는 다음 장에서 다룰 예정입니다.

이 단계에서는 성직자와 평신도의 관계를 성직자는 평신도를 섬기는 자, 혹은 평신도가 "섬길 수" 있도록 돕는 자라고 명백히 밝힐 필요가 있습니다. 이러한 특별한 관계에 대한 명백한 성경적 근거는 에베소서 4장 11, 12절에서 찾을 수 있습니다.

> 그가 어떤 사람은 사도로, 어떤 사람은 선지자로, 어떤 사
> 람은 복음 전하는 자로, 어떤 사람은 목사와 교사로 삼으
> 셨으니 이는 성도를 온전하게 하여 봉사의 일을 하게 하며
> 그리스도의 몸을 세우려 하심이라 (에베소서 4:11, 12)

우리가 아미티지 로빈슨(Armitage Ribinson)이나 새영어성경 (NEB)의 해석을 지지하는 사람들처럼 "온전하게 하여" 뒤에 쉼 표 대신 마침표를 찍는다면, 우리는 왜 그리스도께서 목사와 교사들로 교회를 축복하시고 "사람들에게 은사를 주셨는지" 알 수 있습니다. 은사를 주신 궁극적인 목적은 '그리스도의 몸 을 세우기' 위함입니다. 그러면 그런 일은 어떻게 가능할까요? 그 일은, 목사와 교사가 자신들의 부르심에 충실할 때, 즉 "성 도를 온전하게 하여 봉사의 일을 하게 할 때" 비로소 가능합니 다. "성도들"이란 평신도들, 곧 하나님의 모든 백성을 말합니 다. 그들의 소명은 "봉사의 일", 곧 그리스도를 위해 세상에서 사람들을 섬기는 것입니다. 그리고 성직자의 소명은 성도들이 그 일을 할 수 있도록 그들을 '구비시키는'(개역개정판에는 "온전 하게"로 번역되었다―옮긴이) 것입니다.

성직자가 '구비시키는 일'을 수행하는 방법은 '목사'와 '교사' 의 조합에서 찾을 수 있습니다. 교회 사역자들은 그리스도의

양떼를 돌보는 목자입니다. 이것이 그들의 차별성을 보여 주는 유일한 특징입니다. 물론 목자들 자신도 그리스도의 양입니다. 그러나 그들은 목자로 부르심을 받기도 했습니다. 교회에 속한 모두가 제사장이요, 또한 모두가 집사입니다. 하나님의 백성 모두가 '디아코니아', 즉 섬김으로 부르심을 받았기 때문입니다. 그러나 교회에 속한 모두가 목사로 부르심을 받은 것은 아닙니다. 주님은 그 가운데 일부를 목사와 교사로 부르셨기 때문입니다(엡 4:11).

목사의 주된 역할은 가르치는 일입니다. 목자의 주된 임무가 양을 먹이는 것이기 때문입니다. 목회자의 사역은 근본적으로 가르치는 사역입니다. 그래서 목사 후보자는 '가르치기를 잘 해야' 하는 것입니다(딤전 3:2; 딤후 2:24). 또한 그렇기 때문에 그들은 "미쁜 말씀의 가르침을 그대로 지켜야" 합니다. 그래야 비로소 "능히 바른 교훈으로 권면하고 거슬러 말하는 자들을 책망"할 수 있기 때문입니다(딛 1:9).

그런데 성직자와 평신도의 관계가 목자와 양, 가르치는 자와 가르침을 받는 자의 관계라면, 지금까지 우리가 한 논의가 다시 원점으로 되돌아가는 것은 아닐까 하는 반문을 할 수 있을 것 같습니다. 그렇게 되면 평신도를 수동적으로 만들고, 심지어 그들의 적극적인 활동을 억제하며(목회자가 지도자 역할을 해야 하기에), 무지하게 만드는(목회자가 교사의 역할을 해야 하기에) 잘못을 저지르는 것이 아닐까요? 분명 여기에는 우리가 피할 수 없는 요소가 있습니다. 동시에 우리는 군림하는 태도와 온정주의 모두를 배격합니다. 누군가 목양적 관계가 목사를 주체로, 평신도를 객체로 만드는 것이라고 말한다면, 우리는 곧바로 그것은 평신도가 주체가 되도록 돕기 위함임을 덧붙여야 합니다. 가르치는 사역의 근본 목적은 우리 학생들을 늘 배우는 자로 묶어 놓기 위해서가 아니라, 그들을 도와 영적으로 성숙하고 세상과 교회에서 능동적인 사역을 하게 하기 위함입니다.

성직자와 평신도를 막론하고 교회 안에는 획기적인 의식 전환이 필요한 사람들이 많이 있습니다. 목사가 정말로 중요하고 평신도는 열등한 부류에 속한다는 생각은 매우 잘못된 것입니다. 아니 오히려 그 반대입니다! 평신도가 중요합니다. 온 교회가 하나님과 사람을 섬기는 자들이고, 세상을 정복하러 나아가는 그리스도의 군대의 선봉이고, 성직자는 그것을 지원하는 기관입니다.

우리는 성직자와의 관계에 비추어, 그리고 성직자와 구별해서 평신도를 정의하는 것을 지금 당장 그만두어야 합니다. 그러나 안타깝게도 이것은 여전히 계속되고 있습니다. 옥스퍼드

사전은 평신도에 대해 "성직자와 상반되는, 그 반열에 들지 못하는 집단"이라고 정의하고 있습니다. 옥스퍼드 기독교 사전도 이보다 결코 낫지 않습니다. 이 사전은 평신도를 "성직자에 속하지 않는 기독교 교회의 구성원들"이라고 정의하고 있습니다. 캐슬린 블리스(Kathleen Bliss) 박사는 평신도에 대한 이와 같은 부정적인 태도와 정의를 다음과 같이 매우 신랄하게 비판합니다. "거기에는 성직자 편향적인 요소가 들어 있기 때문이다. '성직자는 [어느 그룹에] 속하고 평신도는 그렇지 않다, 성직자는 [어떤 일을] 하고, 평신도는 하면 안 된다'는 식이다. 그런데 그런 그룹 바깥에 있고 싶어 하는 사람은 아무도 없다." 반면에 우리는 성직자를 평신도와의 관계에 비추어 정의해야 합니다. 평신도는 하나님이 그 귀중한 피로 사신 바 된 모든 하나님의 백성입니다. 그들 중 몇 사람은 그리스도를 위해 하나님의 백성을 감독하고 돌보고 섬기는 엄청난 특권을 받았습니다. 소위 '성직자와 평신도'라는 말은 본질적으로 이분법적입니다. 하지만 성직자와 평신도가 마치 별개의 계급인 것처럼 생각해서는 안 됩니다. 성직자는 '하나님의 백성의 일꾼들'입니다. 하나님의 백성을 섬기도록 부르심을 받은 그들 자신도 하나님의 백성에 속해 있기 때문입니다.

바울이 고린도 교회에 보낸 편지를 인용하는 것보다 본 장을 더 멋지게 마무리하는 방법은 없을 것 같습니다. 고린도 교인들은 '나는 바울파' '나는 아볼로파' '나는 게바파'라는 식으로 편을 가르고 있었습니다. 다른 말로 하면 자신들을 특정 지도자와의 관계로 규정짓고 있었던 것입니다. 그러나 바울은 그들에게 정반대의 진리를 말합니다. "만물이 다 너희 것임이라 바울이나 아볼로나 게바나… 다 너희의 것이요"(고전 3:21, 22). 교회 안에서 누가 누구에게 속해 있을 수 있다면, 평신도가 성직자에게 속하는 게 아니라 성직자가 평신도에게 속하는 것입니다. 성직자는 평신도의 것이며 그리스도를 위해 평신도의 종이 된 사람입니다. 전에는 평신도가 담당 주교에게 편지를 보낼 때 의례 "당신의 종이 되어 영광입니다"라는 문구로 편지를 끝맺곤 했습니다. 그러나 오히려 주교나 목사가 스스로 평신도의 종이라고 서명을 하는 것이 더 성경적입니다.

3장

그리스도인의 증언
=
마르투리아

오직 성령이 너희에게 임하시면
너희가 권능을 받고
예루살렘과 온 유대와 사마리아와 땅 끝까지 이르러
내 증인이 되리라
_행 1:8

🔺 우리는 이 주님의 약속과 명령을 분리시킬 어떤 권리도 없습니다. 성령의 선물이
모든 그리스도인에게 속한 것이라면 증인이 되어야 할 의무 또한 모든 그리스도인에
게 속한 것입니다.

앞 장에서 나는 교회 전체가 어떤 의미에서 섬김(디아코니아)으로, 집사로 부르심을 받았다고 말했습니다. 예수님도 "나는 섬기는 자로 너희 중에 있노라"라고 말씀하셨습니다(눅 22:27). 그리고 친히 종이 쓰는 수건을 허리에 걸치고 제자들의 발을 씻으심으로써 모범을 보여 주셨습니다. 그렇게 하신 후 예수님은 제자들에게 이렇게 말씀하셨습니다.

내가 주와 또는 선생이 되어 너희 발을 씻었으니 너희도 서로 발을 씻어 주는 것이 옳으니라 내가 너희에게 행한 것 같이 너희도 행하게 하려 하여 본을 보였노라 내가 진실로 진실로 너희에게 이르노니 종이 주인보다 크지 못하고 보

냄을 받은 자가 보낸 자보다 크지 못하나니(요 13:14-16)

모든 그리스도인은 섬김으로 부르심을 받았습니다. 그러나 섬김이라는 말은 무척 광범위한 단어입니다. 섬김에는 여러 종류가 있습니다. 스웨덴 룬드 대학교의 조직신학 교수인 구스타프 빙그렌(Gustav Bingren) 박사는 설교와 교회에 관한 신학 연구서에서 다음과 같이 말합니다.

> 루터교의 사제 임명은, 모든 그리스도인이 본질적으로 제사장이요 하나님의 가족인 교회에서 특별히 말씀 선포와 성례전 집행의 임무를 받는다는 뜻을 담고 있다. 사제가 부여받는 특정한 직분은 여러 소명을 함께 나눌 때만 다른 그리스도인과 구별될 뿐이다. 사제의 사명은 어머니나 의사의 사역과 별반 차이가 없다. 단지 그는 다른 이들과 다른 사역을 갖고 있을 뿐이다. '사역'이라는 단어는 어떤 사역인가를 알기 전까지는 공허한 말이다. "그 사역"을 확정적인 그 무엇으로 이야기하는 관행은 루터교 사제직에 사용하기에 부적합한 용법이고, 그것이 아무리 온건하게 사용되더라도 그것 자체에 사제와 회중 간의 잘못된 간극을 조장하는 요소를 담고 있다.[1]

사도행전 6장은 신약성경에 나오는 다양한 섬김의 좋은 예를 우리에게 보여 줍니다. 열두 사도들이 일곱 집사를 임명한 사실을 우리는 잘 알고 있습니다. 거기에서 사도들은 '하나님의 말씀을 제쳐 놓고 접대를 일삼는 것이 마땅하지 않다'고 말합니다(2절). 4절에서 '접대를 일삼는 것'과 '말씀을 전하는 것' 모두가 섬김(디아코니아)의 형태로 언급되고 있는 것에 주목할 필요가 있습니다. 어떤 사람들은 하나는 영적인 사역으로, 다른 하나는 사회적인 사역으로 간주하고 싶겠지만, 성경이 이 두 가지 모두를 '섬김'이라고 부르고 있을 뿐 아니라, 양자 모두 영적인 사람을 요구하고 있다는 사실을 기억해야 합니다.

하나님과 사람을 섬기고자 하는 그리스도인에게 섬김(사역)의 기회는 놀라울 정도로 많습니다. 부모들은 "주의 교훈과 훈계로 자녀를 양육하고"(엡 6:4), 가정을 사랑과 자비, 평안의 처소로 가꾸는 소명을 받았습니다. 그리스도인에게 직업은 일차적으로 먹고살기 위한 것도, 국가 발전을 위한 것도, 전도와 증거를 위한 것도 아니라―이와 같은 고상한 목적을 위한 수단이 아니라―그 자체가 하나의 섬김입니다. 하나님의 목적에 맞추어 사람들의 안녕을 도모하려고 하는 그리스도인의 사역인 것입니다. 아울러 깨어 있는 그리스도인에게는 소외된 이웃과 가난한 사람들을 섬길 수 있는 자원봉사의 길이 활짝 열려 있습니다.

그러나 대부분의 그리스도인들은 가정과 직장과 이웃과는 별개로 교회 안에서, 그리고 교회를 통해 봉사하기를 원할 것입니다. 일부 급진적인 저자들은 '교회 봉사'의 개념을 교회의 자기중심적인 모습이라 비웃으며, 그리스도인들이 섬길 영역은 교회가 아니라 세상이라고 주장합니다. 나는 이 주장에 일말의 진리가 있음을 부인할 수 없습니다. 어떤 그리스도인도 자신의 여가 시간을 교회의 울타리 안에서만 보내려 해서는 안 됩니다. 그리스도인은 주님에 의해 이 세상 속으로 보냄을 받았은즉 주님의 이름으로 타인을 겸손하게 섬겨야 합니다. 하지만 우리는 이러한 원리를 적용하는 데 한쪽으로 치우쳐서는 안 됩니다. 어떤 교회 봉사가 교회 중심적이라는 사실(이는 정당합니다)을 부인하거나 모든 교회 봉사가 전적으로 교회 중심적이라고 주장해서는 안 됩니다. 이 두 가지 문제를 좀 더 자세히 살펴보도록 하겠습니다.

첫째, 지역교회가 하나님이 부여하신 경배와 친교의 의무를 수행하려면 수많은 일이 수행되어야 하고 그것들이 교회 구성원 사이에 적절하게 분배되어야 합니다. 이를 테면, 강단 꽃꽂이, 목회자 보조 업무, 손님 접대, 식사 봉사, 교회 청소, 서재 정리, 물품 수선, 교회 건물 유지와 장식 같은 것들입니다. 이러한 일 외에도 우리 교회에서는 성인 그리스도인들이 예배에 집중할 수 있도록 아이들을 돌보는 일과 예배 후에 방문객에게 점심이나 커피를 대접하는 일을 하기도 합니다. 이러한 봉사는 선하고 필요한 일인 만큼 결코 얕보아서는 안 됩니다.

둘째, 그러나 '교회 봉사'를 이러한 교회 중심적인 활동으로 제한해서도 안 됩니다. 교회는 그 주변 지역에 복음전도의 손길을 뻗어야 합니다. 특정 지역에 위치한 모든 예배 공동체는 그 지역의 이웃을 향한 전도 공동체가 되어야 합니다. 하나님을 예배한다고 하면서 하나님을 예배하지 않는 이웃을 방관하는 교회는 무엇인가 크게 잘못된 교회입니다. 따라서 진정한 '교회 봉사'의 주안점 중 하나는 그 지역의 이웃을 향한 증거 사역이어야 합니다. 이러한 봉사는 바깥 세상을 위한 것이므로 교회 중심적인 것이 아니라, 교회에 기반을 둔 섬김일 것입니다. 교회는 복음증거가 수행되는 영역이 아니라 오히려 전도 기지의 역할을 담당하는 것입니다.

세상을 향한 이러한 교회 봉사는 여러 분야가 있지만 모두 한 가지 공통점이 있습니다. 입을 열어 말로 증거하는 행위(마르투리아)가 바로 그것입니다. 왜냐하면 기독교 교회는 증언하는 교회이고, 모든 그리스도인은 증인으로 부르심을 받았기 때문입니다. 부활하신 그리스도께서 승천하시기 전에 우리에게 주신 최후의 말씀은 증인이 되라는 명령과 성령을 보내시겠다는 약속이었습니다.

> 오직 성령이 너희에게 임하시면 너희가 권능을 받고 예루
> 살렘과 온 유대와 사마리아와 땅 끝까지 이르러 내 증인이
> 되리라(행 1:8)

우리는 이 주님의 약속과 명령을 분리시킬 어떤 권리도 없습니다. 성령의 선물이 모든 그리스도인에게 속한 것이라면 증인이 되어야 할 의무 또한 모든 그리스도인에게 속한 것입니다.

나아가 그리스도인은 증언을 위한 가르침과 훈련을 받아야합니다. 증언의 개념을 잘못 생각하는 이들은 이를 부인할지도 모르겠습니다. 그들은 증언을 그저 자신의 개인적인 경험을 나누는 것으로 잘못 이해하고 있습니다. '증언'은 자신에 관한 것이 아니라 본질적으로 그리스도에 관한 것입니다. "너희는 나의 증인이 될 것이라." 주님은 분명히 이렇게 말씀하셨습니다. "진리의 성령이 오실 때에 그가 나를 증언하실 것이요, 너희도 처음부터 나와 함께 있었으므로 (나를) 증언하느니라"(요 15:26, 27). 그리스도에 대한 증언이 우리의 경험을 바탕으로 설명되고 확증되기는 하지만, 그것은 우리 자신에 관한 것이 아니라 그

리스도에 관한 것입니다. 그런데 그리스도에 관해 증언하려면 먼저 그리스도를 알아야 합니다. 자신이 체험한 그리스도가 아니라 사도들이 증언한 그리스도를 알아야 합니다. 우리가 전해야 할 그리스도는 신약성경이 증언하는 그리스도입니다. 즉, 그의 출생과 생애, 죽음과 부활, 천상에서의 통치와 영광스런 재림을 신약성경이 증언하는 그 그리스도를 알려야 합니다.

다시 한 번 말하지만 증언을 하려면 훈련과 교육이 필요합니다. 앞에서 말했던 것처럼 목회자의 가장 중요한 역할이 바로 평신도의 훈련과 교육입니다. 평신도는 그들 나름의 사역(섬김)과 특히 증언사역을 갖고 있고, 목회자의 사역은 평신도가 그들의 사역을 하도록 도와주는 것입니다. 그렇기 때문에 겸손한 목회자는 자신을 로마 가톨릭 교황이 스스로를 가리키는 호칭, 곧 '하나님의 종들의 종'이라고 불러야 합니다.

미국의 저명한 퀘이커교도인 엘튼 트루블러드(Elton Trueblood) 박사는 오늘날 성직의 목적과 역할에 대해 주목할 만한 의문을 제기했던 인물입니다. 그는, 수많은 성직자들이 자신들의 역할에 대해 깊은 좌절감을 맛보고 있고 회의에 빠져 있다는 것을 압니다. 그들은 행사 때의 공식적인 기도와 끝없는 홍보활동에 지친 나머지 다수가 성직을 떠나고 있습니다. 트루블러드는 목회자 출신을 보험설계사로 100명 이상 고용하고 있는 한 보험회사를 알고 있다는 놀라운 이야기를 전해줍니다.[2] 그러므로 성직자의 독특한 사역이 무엇인지를 아는 것이 중요합니다. 트루블러드 박사는 그것을 '구비시키는 사역'이라고 묘사합니다. 그는 이 어구를 다른 책들에서[3] 인용하고 있는데, 그 책들은 사실 개역표준성경(RSV)의 에베소서 4장 11, 12절에서 끌어온 것입니다. "어떤 사람은 목사와 교사로 삼으셨으니, 이는 성도를 온전하게 하여 [구비시키며] 봉사의 일을 하게 하며." 나아가 그는 평신도 훈련이 매우 중요하다고 말합니다. "평신도의 잠재력을 찾아내어 끌어내고 그 능력을 삶에 적용시키는 것, 이것이 목회자의 역할이다."[4]

만약 이것이 성직자의 근본적 의무라면, 우리는 그를 어떻게 불러야 하는가 하고 트루블러드 박사는 묻습니다. 그는 분명히 "사역자"(minister)입니다만 평신도도 마찬가지입니다. 성직자가 젊다면 '장로'라 부르기에 적절하지 않고, 그가 독신 남성이라면 '신부'(father)라고 부르는 것도 맞지 않다고 그는 말합니다. '설교자'는 성직자가 담당하는 사역의 한 면만을 일컫는 것이고, '목자'가 가장 성경적이긴 하지만 오도의 소지가 있습니다. "양은 털과 고기를 제공하는 역할만 할 뿐 별로 생산적이지 않고, 너무 조용한 것으로 알려져 있습니다."[5] 게다가 많은 도시인은 양을 본 적도 없습니다. 그래서 트루블러드 박사는 이러한 명칭 대신 '코치'라는 단어를 제안합니다.

> 축구와 야구 같은 스포츠에서 코치의 자질은 매우 중요하
> 다. … 코치의 영광은 다른 이들의 능력을 발굴하고 개발
> 하고 훈련시키는 데 있다. … 기독교 코치는 자신의 명성
> 을 높이기보다는 다른 이들을 개발시키는 데… 더 관심이
> 있는 사람일 것이다.[6]

트루블러드 박사에게 배웠던 미국 성공회 평신도인 키이스 밀러(Keith Miller)는 그의 저서 『새 포도주의 맛』에서 바로 이 주제를 다루고 있습니다. 그 역시 성직자를 '구비시키는 사역자' 또는 '자료 제공자'로 묘사하면서 이제 교회는 "목회자 중심주의로부터 벗어나야" 한다고 주장합니다. 더 이상 목회자는 "하나님을 무대 옆에 대기시키고 회중을 유료 구경꾼으로 만든 채" 무대의 중앙을 차지할 수 없다고 말합니다. 오히려 회중이 그들의 가정과 공동체에서, "성직자를 대기시키고 이 드라마의 작가이신 하나님을 관객으로 두고" 무대의 중심에 서는 주인공이 되어야 한다고 주장합니다. 그는 계속해서 다음과 같이 말합니다.

목사는 교회 안에서 자신의 중심적 역할을 희생할 만큼 그리스도를 사랑해야 한다. 그는 새로운 교회 갱신 운동의 중심이 되고 있는 평신도의 코치, 교사와 목자가 되어야 한다.[7]

여러분이 평신도가 섬김과 증거사역으로 부르심을 받았고, 성직자의 독특한 사역은 그런 사역을 위해 평신도를 훈련시키는 일이라는 견해를 받아들인다면, 이제 내가 섬기는 올 소울즈 교회의 두 가지 경험을 함께 나누고 싶습니다. 첫 번째 경험은 평신도 훈련이고, 두 번째 경험은 평신도의 봉사에 관한 것입니다.

평신도 훈련

올 소울즈 교회가 개발한 평신도 훈련 프로그램을 자세히 다루기에 앞서, 나는 훈련 프로그램의 필요성을 먼저 강조하고 싶습니다. 무엇보다 우리는 주님의 사역이 매우 균형 잡힌 사역이었음을 기억할 필요가 있습니다. 우리 주님은 대중을 위한 설교와 개인적인 상담, 열두 제자들의 훈련에 그의 시간을 배분했습니다. 오늘날 대부분의 성직자들은 앞의 두 가지 사역을 열심히 하고 있습니다. 회중을 위해 설교를 하고, 개인적인 상담에 힘을 쓰고 있습니다. 하지만 세 번째 사역, 곧 제자를 만드는 일은 등한시하고 있습니다. 물론 사도들을 훈련시키는 일은 유일무이한 사역이었습니다. 하지만 미래의 지도자들을 선택해 집중 훈련을 시키는 원리는 오늘날에도 여전히 적용되는 것입니다. 소그룹 제자 훈련을 도외시한 설교와 상담은 결코 균형 잡힌 사역이라고 할 수 없습니다. 왜냐하면 그리스도께서 우리에게 보이신 모범을 따르지 않는 것이기 때문입니다.

평신도를 제자로 훈련시킬 책임이 성직자들에게 있다는 인식이 성공회 내에서 점점 높아지고 있습니다. 영국 성공회의 윌리엄 템플 대주교는 그의 저서 『영국의 변화를 위해』에서 "성직자의 주요 임무는 평신도의 증거사역을 위해 그들을 훈련시키는 일이어야 한다"라고 분명히 말한 바 있습니다. [8] 마찬가지로 시릴 가베트(Cyril Garbett) 대주교 또한 그의 저서 『영국 성공회의 주장』에서 "각 교구마다 교회에 헌신할 뿐만 아니라 교인이 된 이유를 지적으로 설명할 수 있는 남녀로 구성된 평신도 그룹을 형성하는 데 최선을 다해야 한다"라고 했습니다. [9] 에반스톤에서 열린 제2차 세계교회협의회는 다음과 같은 중요한 선언을 했습니다.

평신도는 하나님 나라의 최전선에 서 있다. 평신도는 세상의 모든 영역에서 그리스도의 선교사들이다. 그들은 삶의 모든 현장에 교회의 메시지를 전할 의무를 갖고 있으며, 세상에서 우리 주님의 뜻을 알고 담대히 증언해야 할 책임이 있다. 그리고 이러한 목적을 위해 그들은 훈련과 지도를 받아야 한다.[10]

그리고 제3차 람버트 대회(1968)는 다음과 같은 점을 덧붙였습니다.

아무도 훈련되지 않은 군대를 원하지 않는다. 영국 성공회는 말로만 훈련을 얘기할 뿐 열다섯 살 정도가 되면 훈련이 끝나고 만다. 세상의 교육과 비교해 볼 때 그리스도인의 교육은 폭발적으로 확대되어야 한다(p. 97).

이런 이유로 이 대회 결의문 27조는 다음과 같이 선언하고 있습니다.

이번 대회는 오늘날 평신도들이 세상 속에서 그들의 임무를 수행하도록 평신도 훈련이 질적·양적으로 증가될 필요가 절실하다고 확신한다(p. 38).

그런데 평신도는 훈련받기를 원하며 또 훈련받을 준비가 되어 있습니까? 그들은 이미 온갖 활동에 지쳐 있지 않습니까? 평신도들이 과연 훈련 프로그램을 이수하고 책임 있는 사역을 떠맡을 수 있겠습니까? 이 물음에 대한 내 답변은 이렇습니다. 우리가 언급하는 평신도가 정말로 참된 그리스도인이라면, 즉 그가 정말로 예수 그리스도를 자신의 구원자요 주님으로 영접했다면, 그는 그분을 섬길 준비가 되어 있을 뿐만 아니라 하나님께 받은 소명, 즉 예수 그리스도의 증인이 되는 일에 성직자의 도움을 받지 못한다면 실망하고 좌절하며 영적 상처를 받게 될 것입니다.

올 소울즈 교회는 1950년부터 해마다 제자 훈련 학교를 운영하면서 매년 평균 43명의 수료생들을 배출했습니다. 물론 현재까지 수료한 졸업생 모두가 활발하게 사역하고 있는 것은 아닙니다. 사정상 런던을 떠나 어쩔 수 없이 사역을 중단한 사람들도 있습니다. 하지만 다수는 다른 교회에서 힘써 봉사하고 있으며, 그중 일부는 목회자와 선교사가 되기도 했습니다. 그런데 사역 중인 사람들의 평균 봉사 기간이 5년 반이라는 흥미로운 사실을 우리는 최근 봉사 활동을 하고 있는 이들에 대한 설문 조사(103명이 응함)에서 발견했습니다. 또한 그들은 자신에게 맡겨진 교회 봉사를 위해 일주일에 평균 3시간 정도를 사용하고 있음도 알았습니다. 우리는 이 설문 결과를 평신도들이 교회에서 적극적으로 봉사하기 위해 훈련을 받고 싶어 한다는 명백한 증거라고 해석했습니다. 설문에 답한 사람 중 한 명은 "나는 확신반에서 놀라운 축복을 받았습니다. 그리고 어떤 방법으로든 그분을 섬기고 싶은 마음을 갖게 되었습니다"라고 말했습니다. 그리고 그분은 나중에 제자 훈련 학교에 등록해 훈련을 받은 후 심방 봉사를 맡았습니다.

그러면 평신도를 어떻게 훈련시킬 수 있을까요? 어떤 의미에서, 충실한 사역을 하는 교회라면 평신도는 언제나 훈련을 받고 있다고 말할 수 있습니다. '교육'과 '훈련'을 엄격히 구별하지 않는다면 모든 목회자는 말씀 사역과 성례전, 그리고 상담과 모범을 통해서 "각 사람을 그리스도 안에서 완전한 자로 세우고" 있는 것입니다(골 1:28). 그러나 증거 사역, 심방, 주일학교, 성경공부반 교사 같은 사역을 위해서는 보다 구체적인 훈련이 필요합니다.

올 소울즈 교회에서는 평신도가 증거사역을 담당하려면 3단계로 된 훈련 프로그램을 이수해야 합니다. 첫 번째 단계는 매년 개설되는 제자 훈련 학교이며, 두 번째 단계는 필기시험이고, 세 번째 단계는 위임식입니다.

첫 번째 단계인 제자 훈련 학교에서는 전도 이론과 실제에 대한 열두 강좌가 제공됩니다. 매해 10월부터 다음 해 2월까지 성탄절을 제외하고 일주일에 한 번씩 야간 강좌가 열립니다. 등록 원서가 첨부된 설명서를 교회에서 배부하고 공개 광고를 통해 참가자를 모집합니다. 동시에 전년도 확신반 수료자들을 개인적으로 접촉해서 권유하는데, 특히 영적인 은사와 잠재력이 드러난 사람들을 좀 더 적극적으로 설득합니다. 열두 강좌는 크게 두 분야로 나뉩니다. 첫째는 '복음서의 신학'입니다. 여기에서는 하나님, 인간, 그리스도, 성령, 교회, 십자가에 관한 교리를 소개합니다. 둘째는 '전도 실천'입니다. 여기에서는 '주님께 쓰임을 받는 방법' '실망을 극복하는 방법' '친구를 그리스도께 인도하는 방법' '반론에 대처하는 방법' '그리스도를 증거하는 방법' '심방하는 방법' 등을 가르치고, 강의 요약본을 제공합니다. 대다수는 강의 시간에 필요한 내용을 노트합니다. 이 과정이 조금 학문적이고 이론적으로 보이기 때문에, 토론과 실제적인 훈련에도 많은 시간을 할애할 필요성을 느낍니다. 훈련 학교 참석자 중 86퍼센트 이상이 훈련 학교 과정에 상당히 만족하고 있는 것을 확인할 수 있었습니다.

두 번째 단계는 참석자들이 각자의 집에서 필기시험을 치르는 것입니다. 그들은 성경을 마음대로 사용하되 강의 요약본이나 노트 같은 것은 보지 않은 채 스스로 시험을 치르게 됩니다. 시험은 대체로 매우 쉽습니다. '복음이란 무엇인가?' '그리스도인이란 누구인가?' 같은 매우 기초적인 문제들로 참가자들이 진실한 신자인지를 확인하는 질문들입니다. 그리고 '구도자에게 그리스도를 영접하는 단계를 설명할 때 언급할 성경 구절 두 개를 들고 설명하라' '예수 그리스도의 신성의 증거나 성령의 사역 중 하나를 요약하라' '전도의 근본 동기는 무엇인가?' 같은 문제가 포함됩니다. 또한 다음과 같은 진술에 대한 간단한 답변을 적는 문제도 나옵니다. '과학은 성경을 부정한다.' '교회는 위선자로 가득 차 있다.' '나는 현재 완전히 행복하다.' '나는 이 세상의 온갖 고통과 사랑의 하나님을 조화시킬 수 없다.' '나는 단지 관심이 없다.'

필기시험 후에는 개인 면담이 있는데, 이 시간은 수정된 답안지를 검토하고 참가자들을 개인적으로 평가할 수 있는 기회를 제공합니다. 동시에 참가자들이 담당할 수 있는 봉사에 대해 상담을 합니다. 봉사의 종류는 상호 동의하에 결정되며 결정 시 교회의 현재 필요와 참가자의 능력, 경력, 선호 등을 고려합니다.

이러한 필기시험과 구두시험이 참가자들을 어렵게 하는 것은 아닐까 생각할 수도 있습니다. 하지만 그렇지 않다는 사실을 알게 되었습니다. 물론 연령이나 경력, 교육 수준에 따라 필기시험 없이 면담을 통해 봉사 활동에 참여할 수 있도록 예외를 두는 것도 필요할 것입니다. 실제로 이런 예외적인 경우가 몇 번 있었지만 설문지에 응답한 사람 중 95퍼센트는 이와 같은 시험에 긍정적인 반응을 보였습니다. 시험을 통해 좀 더 공부할 수 있었고 배운 것을 복습하고 사고를 정리하는 데 큰 도움을 받았다는 것이 대부분의 의견이었습니다. 그리고 시험은 후보자들이 어떤 봉사를 하는 데 적합한지를 판단하는 데 도움이 되었습니다.

마지막 단계는 위임식으로, 이 위임식은 주중 저녁에 교회나 교육관에서 진행됩니다. 위임식 절차에 따라 후보자들에게 몇 가지 질문을 던져 소명 의식을 다시 일깨우고 신실할 것을 다짐받은 후, 목회자는 다음과 같이 위임 선언을 합니다. "성부의 사랑이 당신을 감싸고, 성자의 임재가 당신을 붙잡아 주며, 성령의 능력이 당신 위에 머물기를 원합니다. 하나님의 이름으로 그리스도의 대사요 사람들의 종으로 나아가십시오. 주께서 당신의 수고에 넘치도록 복 주시기를 원합니다." 기도와 축도로 위임식을 마치고 참여자들은 위임장을 받습니다. 위임식이 조금 형식적이지 않냐고 생각할지 모르겠지만 대부분의 수료자는 그 위임식이 봉사의 중요성과 특권을 절감하게 만든다고 말합니다. 제3차 람버트 대회에서 '목사 안수식과 유사한 평신도 위임식이 없는 것'(p. 99)에 대해 우려를 표명한 것은 매우 고무적인 일입니다. 결의안 25조는 '평신도가 세상에서 수행할 과업을 위해 그들을 파송할 필요성과 관련해'(p. 37) 세례와 견진 신학을 탐구할 것을 추천하고 있습니다.

우리 교회가 진행하고 있는 훈련 학교의 열두 강좌, 필기시험, 위임식이 모든 형태의 교회 봉사를 위한 완벽한 훈련이라고 생각하지는 않습니다. 이것은 봉사를 위한 최소한의 과정일 뿐입니다. 물론 매년 3-4차례 봉사자 모임을 통해 보충 교육이 이루어집니다. 봉사자 모임에서는 몇 가지 강의가 제공되고 지속적인 헌신을 독려하게 됩니다. 주일학교 교사들 같은 그룹을 위해서는 보다 전문적인 훈련이 제공됩니다.

봉사자의 명단은 지속적으로 관리합니다. 교회 사역 중 일부는 위임받은 사람에 의해서만 수행되고 있으며, 혹 위임받은 봉사자가 사정상 그 임무를 포기하면 봉사자 직분에서 사임을 합니다.

평신도 봉사

이제 평신도의 훈련에서 평신도의 봉사로 넘어갑시다. 봉사자들은 어떤 일을 맡을까요? 매우 다양합니다. 온갖 형태의 증거사역이 있기 때문에 그 대상에 따라 분류하는 것이 좋다고 생각합니다.

올 소울즈 교회의 경우, 대상이 되는 최대 그룹은 교구의 지역 주민들로서 약 9,000명이나 됩니다. 모든 교회의 일반적 의무는 교회에 오지 않는 사람들에게 가서 복음을 전하는 것입니다. 또한 모든 성공회 교회의 특별한 임무는 교구 내 영혼들을 돌보는 것이기 때문에 가가호호 방문의 중요성이 언제나 강조됩니다. 올 소울즈 교회의 모든 봉사자들은 처음 1년은 심방전도에 참여해야 합니다. 교구는 세 지역으로 구분되어 있으며 각 지역의 담당 지역장과 심방 그룹이 편성되어 있습니다. 심방전도자들은 열두 사도와 칠십 명의 제자들처럼 둘씩 짝지어 할당된 지역의 주택을 방문합니다. 심방 목적이 기부금을 권유하거나 친구를 사귀거나 교회에 초청하기 위한 것이 아니라 오직 예수 그리스도를 증거하는 일임을 명심해야 합니다. 이는 우리가 무례하거나 무모해도 괜찮다는 뜻이 아닙니다. 증거하기 전에 먼저 사람들의 신뢰를 얻는 데 시간이 걸릴 것입니다. 기독교 서적을 놓고 올 수도 있고 그들을 특별 집회에 초대할 수도 있습니다. 하지만 봉사자들은 자신들의 임무가 무엇인지를 잊지 않아야 합니다. 예수 그리스도를 증거하는 것 말입니다.

우리는 위에서 심방의 목적에 대해 생각해 보았습니다. 그런데 심방의 목적을 오로지 증거에만 국한시키는 것이 맞는 것일까요? 영국 복음주의 성공회 대회(1967)의 선언서는 "전도와 구제사역은 다 함께 하나님의 사역에 속한다"라고 단언하고 있습니다. 그렇다면 심방 전도자들이 심방할 때 발견하는 사회적 필요, 예를 들어 가정 파탄, 실직이나 경제적 어려움 등을 볼 때 어떻게 대처해야 할까요? 그런 문제에 직접 뛰어들어야 할까요? 아니면 이러한 사회 참여는 복음전도 사역에 집중하지 못하게 하는 것일까요? 오랫동안 토론한 끝에 우리 교회는 이 문제에 대해 공통된 함의에 도달했습니다. 심방 전도자들은 언제든 위와 같은 상황에서 도움을 주려고 애써 왔습니다. 그러나 지금은 우리가 심방자들의 책임을 명료하게 정리했습니다. 우리는 '사회복지 심방단'이라는 새 그룹을 만들어서 사회적 필요를 담당하게 했습니다. 심방 전도자들은 단순히 전도만 하는 것이 아니라 수시로 접하는 사회적 필요에 대해 그리스도의 사랑으로 봉사하도록 부름받은 그리스도인인 만큼 영적인 필요뿐만 아니라 사회적 필요에도 눈을 돌려 자유롭게 대처할 수 있는 자유가 있습니다. 일반적인 심방 전도자들의 능력 밖의 전문적인 봉사가 필요한 상황에서는 '사회복지 심방단'의 도움을 받을 수 있습니다.

힘겨운 하루 일과를 마친 뒤에 길거리를 걷고 수시로 계단을 올라가야 하는 심방 전도는 매우 힘들고 피곤한 일입니다. 이 심방 전도자들은 주로 중국인, 이탈리아인, 파키스탄인, 터키인 같은 이민자 가정들을 방문합니다. 언어의 장벽에 부딪히기도 하고 문전박대를 당하기도 하며 때로는 적대적인 태도를 접하기도 합니다. 하지만 그들이 경험하는 가장 큰 문제는 일반 대중과 교회 간의 큰 간극일 것입니다. "우리는 부족한 게 없으니 그리스도에 대해 알고 싶지 않다"는 말을 듣기도 하고, 기독교 진리에 대한 '심각한 오해'도 있고, 복음에 대한 무지가 널리 퍼져 있기도 합니다.

심방 전도자들은 그런 경험을 통해 인내와 끈기, 담대함과 관용, 자제심과 연민 같은 것들이 필요하다는 것을 배웁니다. 또한 한 영혼이 회심하는 것은 성령님의 사역이기에 하나님의 능력으로 가지 않으면 무력하다는 사실을 절실히 깨닫게 됩니다. 비록 우리가 정기적인 심방 전도자 대회를 개최해 심방 전도자들을 격려하려고 힘을 쓰고 있기는 하지만, 심방 전도 자체는 매우 어려운 일이며 인내심을 품고 늘 성령께 의존해야 한다는 것을 언제나 인식하게 됩니다.

물론 고무적인 일도 많습니다. 어떤 심방 전도자들은 사람들에게 그리스도를 전하는 '기쁨'에 대해 들려줍니다. "사람들과 이야기를 나누면서 그들의 질문에 모두 대답하지는 못하지만 평화로운 마음과 증거의 기쁨을 누리게 됩니다"라고 말하는 사람도 있습니다. 어떤 심방 전도자는 불신자들의 수용적인 태도에 놀라기도 합니다. "예수 그리스도에 대해 사람들에게 이야기하면 기꺼이 귀를 기울이려고 하는 사람들이 있습니다!", "제 전도를 통해 사람들이 주님을 믿고 따르겠다고 결심하는 것을 보면 정말 놀라울 따름입니다."

교회가 특별히 책임을 느끼는 두 번째 그룹은 노인들과 환자들입니다. 우리는 작은 규모의 '건강 심방단'을 조직해 환자를 위한 월례 기도회를 열고 있고, 장기 입원 환자들을 위해 기도하고 그들을 방문합니다. 또 이보다 규모가 큰 '노인 복지 심방단'도 조직했습니다. 일반 심방 전도와는 달리 이 심방단은 홀로 정기적으로 한두 명의 노인을 방문합니다. 아울러 이 심방단은 단장을 통해 관공서 및 복지단체와 협력하여 노인을 위한 각종 봉사에 적극 참여합니다. 노인 복지 심방단은 이름 그대로 노인들의 영적·신체적·사회적 복지 전반에 대해 관심을 갖습니다. 이 심방단이 수행하는 실제적인 임무는 편지 대신

써 주기, 쇼핑, 요리, 연금 문제 해결하기, 텔레비전이나 라디오, 안경 수리하기, 치과치료나 골절치료 주선하기 등 매우 다양합니다.

이러한 심방 또한 결코 쉽지 않은 일입니다. 특히 심방자는 경청하는 법을 배워야 합니다. 어떤 심방자는 "할머니의 사연과 굴곡 많은 생애를 들으면 고통과 기쁨을 느낀다"고 말하고, 어떤 신자는 강경한 무신론자를 만나 사랑으로 인내하는 것이 굉장히 힘들었다고 말하기도 합니다. 다른 한편으로, 상대방과 정말 친한 친구가 되었다는 이야기, 할머니들을 돕고 그들과 대화하는 일을 통해 기쁨을 느꼈다는 이야기, 주는 것을 통해 받는 것임을 실제로 배웠다는 이야기 등 놀라운 간증들도 많습니다. 그들이 받는 것은 무엇일까요? 그들은 일부 노인의 믿음이 성장하고 점점 거룩해지는 것, 냉소적이었던 노인이 문을 열어 반갑게 맞아주는 것, 영적인 것에 나보다 더 많이 관심을 갖는 모습에 도전받는 것 등이 보상이라고 이야기합니다. 우리 교회는 심방자들이 노인들을 정성껏 돌보는 모습에 감동을 받아 7년 전에 일곱 명 정도를 수용할 수 있는 노인의 집을 개설했습니다.

봉사자들이 수고를 아끼지 않는 세 번째 그룹은 어린아이들과 젊은이들입니다. 일부는 주일학교 교사들이고, 어떤 이들은 주일 아침 가족예배를 돕고, 또 어떤 이들은 교회에서 운영하는 주민센터에서 클럽의 리더로 섬깁니다. 거기서는 특히 젊은이를 중심으로 모든 연령층을 위한 여러 프로그램을 진행하고 있습니다. 클럽하우스에서 일하는 봉사자들은 리더와 헬퍼로 나누어지는데 헬퍼들은 식당이나 사무실 등에서 다양한 모습으로 봉사합니다. 헬퍼들은 위임받은 봉사자들이 아닌 반면에, 리더들은 모두 위임을 받은 사람들로서 자기가 맡은 클럽 맴버들에 대해 영적인 책임을 집니다. 리더와 헬퍼들은 함께 팀을 이루어 일을 합니다. 규율의 문제가 있긴 하지만 그들은 또한 그들 가운데 일하시는 하나님을 증거할 수 있습니다. 한 리더는 사랑을 나눔으로 자신의 삶이 풍요로워지는 것을 경험했다고 고백합니다. 주일학교 교사로 섬기는 한 사람은 어린아이들이 중요한 진리를 진정으로 이해하는 것을 보는 것이 매우 보람 있다고 이야기합니다. 예를 들면 아이들이 어른들로부터 들은 것을 그저 따라하는 것이 아니라 스스로 기도하기 시작하는 경우처럼 말입니다. 또 다른 어떤 리더는 "십대 청소년들이 그리스도를 영접한 후 변화되는 것을 보면서 깊은 감동을 받았다"라고 말합니다.

위임받은 일꾼들이 섬기는 네 번째 대상은 새신자들입니다. 새신자들은 하나님의 집에 새로 들어온 어린 생명들이자 그리스도의 어린양들입니다. 매달 개최되는 새신자 초청의 날에 초청에 응한 사람들을 대상으로 상담을 합니다. 상담은 물론 위임을 받은 봉사자들이 담당합니다. 이후에 새신자들을 '보육반'으로 인도합니다. '보육'이라는 이름이 이상하다는 얘기가 있어 이름을 바꾸려고 여러 번 시도했지만 아직까지 적절한 이름을 찾지 못했습니다. 하지만 최소한 이 명칭은 그 과정의 특성을 정확하게 묘사하는 장점이 있습니다. 왜냐하면 보육반은 그리스도 안에서 이제 막 새 생명으로 태어난 이들을 위한 과정이기 때문입니다. 매주 모이는 보육반은 영적인 어린아이들이 성경 읽기, 기도 같은 매우 간단한 영적인 걸음마를 익혀 기존의 교제권 안으로 들어오도록 도와주는 역할을 합니다. 현재 일곱 개의 보육반이 매주 다른 요일에 모이고, 대부분의 리더들과 보조 리더들이 평신도들이자 위임받은 봉사자들입니다. 이들은 사람들의 삶 속에서 하나님이 어떻게 일하시는지를 눈으로 생생하게 볼 수 있다는 점에서 모든 봉사 중에서 가장 큰 특권을 받았습니다. 한 리더는 거듭남의 기적과 새신자의 성장을 눈으로 목격하는 것이 놀라운 기쁨이라고 이야기합니다. 확신반의 한 리더도 영적인 어린아이들이 어른으로 성장하는 것을 관찰하는 기쁨을 누리고 있다고 말합니다.

모든 새신자들이 보육반에 참여하거나 참여한 모두가 그 과정을 마치는 것은 아닙니다. 이 봉사의 영역에도 실망과 좌절이 있습니다. 한 보육반 리더는 "당신이 기도하지 않고서 이 과정에 참여하도록 사람들을 설득하고 권면하는 것은 차라리 하지 않는 것만 못하다"라고 말할 정도입니다.

위임받은 봉사자들이 섬기는 다섯 번째 그룹은 '나그네들'입니다. 나그네들이란 런던에 낯선 사람들, 특히 이민자들이나 이주 노동자들을 말합니다. 올 소울즈 교회가 런던에 소재하고 있기 때문에 우리는 세계 도처로부터 많은 편지를 받습니다. 그 편지들은 주로 자신이 아는 사람이 런던에 가게 되는데 그 사람을 부탁한다는 내용입니다. 그런 나그네들에게 우리는 바울이 말하는 나그네를 향한 사랑, 곧 환대(필로제니아)를 실천하려고 노력합니다(롬 12:13). 그래서 '후원자'로 명명한 작은 그룹을 만들어 그들을 돕고 있습니다. 이 그룹의 임무는 우리가 추천받은 사람들을 접촉해 그들의 친구가 되어 주는 것입니다. 그들을 주중에 만나거나 다른 동료들에게 소개하는 등 그들이 성도의 교제 안에 들어올 때까지 돌봐주는 일입니다.

이 '나그네들' 중 상당수는 외국에서 오는 사람들입니다. 여행객과 출장 온 사업가, 유학생들이 포함되어 있습니다. 대부분의 학생들은 여러 대학에서 학부 과정이나 대학원 과정에 있습니다. 우리는 이들을 돕기 위해 한 평신도를 '외국인 방문객

상담사'로 임명하여 국제적인 친교모임을 담당하게 했습니다.

물론 그 책임자와 동역할 팀도 구성했습니다. 그 팀은 외국인 성경공부 모임의 리더들로 활발하게 활동하고 있습니다. 그들 또한 이 사역을 통해 놀라운 체험을 합니다. "우리 힘으로 이 일을 하려 할 때 우리는 실패하고 좌절한다는 것을 배웠습니다. 이를 통해 우리는 주님을 더욱 신뢰해야 하고, 또 하나님의 방법을 사용할 때 그들의 믿음이 성장하고 깊어진다는 것을 깨달았습니다." 이것은 성경공부 모임의 리더로 섬기는 한 젊은 부부의 고백입니다.

봉사자들이 섬기는 여섯 번째 그룹은 일반 성도들입니다. 그들 가운데 많은 이들은 위임받은 평신도 리더들이 보조 리더들과 함께 섬기는 여러 소그룹에 속해 있습니다. 그들의 임무에 대해서는 다음 장에서 좀 더 자세히 기술하고자 합니다.

위에서 우리는 위임받은 봉사자들이 섬겨야 할 그룹을 여섯 개로 구분해 보았습니다. 봉사자들은 맡은 구역에서 심방을 하고, 환자들과 노인들을 돌보며, 젊은이들을 가르치고 훈련시킵니다. 또한 새신자를 양육하고, 나그네들을 보살피며, 성도들을 감독하는 일을 합니다.

평가

이와 같은 훈련, 시험, 위임, 봉사 프로그램이 실시된 지난 17년을 돌아보며 우리는 이 프로그램의 약점은 무엇이고 장점은 무엇인지에 대해 냉정하게 평가할 때가 되었습니다.

이 프로그램의 가장 큰 약점은 관리의 부실에 있었다고 나는 생각합니다. 설문 조사에 응했던 25명이 이 점을 지적하고 있습니다. 그들은 주일학교, 사회복지관, 국제적인 친교모임에서의 봉사는 짜임새가 있고 잘 관리되었지만, 복음전도의 최전선에 있는 심방 전도단은 더 많은 자원과 특히 성직자의 지지가 필요하다고 하소연했습니다. 이것은 교권주의의 잔재가 아닙니다. 평신도 봉사자들이 성직자의 일을 대신하는 것이 아니라 성직자와 손잡고 일하고 싶다는 진정한 열망의 표시입니다. 나는 최근에야 참된 위임이란 누군가에게 일을 맡기고 잊어버리는 것이 아니라, 일을 맡은 자가 당신에게 보고할 의무가 있다는 것을 알고 수시로 보고하고 조언을 구하도록 하는 것임을 깨달았습니다.

두 번째 약점은 첫 번째 약점처럼 피할 수 없는 내재적인 것이 아니라 조직이 빠지기 쉬운 구조적 약점입니다. 이것은 사실 모든 영적 사역이 직면하는 위험입니다. 바로 형식과 정신, 조직과 자유의 관계와 관련된 문제입니다. 훈련, 시험, 위임의 순서는 결국 위임받지 못한 사람들의 자유로운 봉사를 방해할 가능성이 있습니다. 위임받지 못한 이들이 그리스도를 위해 봉사할 자격이 없다고 생각하게 만들 수도 있기 때문입니다. 이럴 때 우리는 다음과 같이 주장해야 합니다. 모든 그리스도인은 교회의 봉사단이 조직되기를 기다리거나 공식적인 봉사의 허락을 받을 필요 없이 다양한 기독교 활동에 참여할 수 있고, 그리스도를 증거할 자유가 있다고 말입니다. 훈련과 위임의 목적은 지역교회와 교구에서 평신도의 봉사를 장려하고 증진시키고 조정하는 데 있는 것이지 그것을 좌절시키거나 성령의 불을 끄는 데 있지 않기 때문입니다.

봉사 조직이 안고 있는 약점과 위험에서 눈을 돌려 이제는 이 훈련 프로그램의 장점에 대해 살펴보도록 하겠습니다. 크게 세 가지 장점이 있다고 생각합니다.

첫 번째 장점은 디아코니아, 즉 봉사에 있어서 성직자와 평신도의 진정한 협동을 가능하게 합니다. 이 프로그램은 하나님이 평신도에게 맡기신 증거사역을 그들이 하도록 격려하고(누군가 묘사한 것처럼 증거란 '하나님을 섬기고 그분을 다른 사람에게 알리는 기쁨'입니다), 성직자에게는 하나님이 그들에게 부여하신 역할, 즉 평신도들로 그들의 임무를 잘 수행하도록 구비시키는 일을 하게 만듭니다.

두 번째 장점은 이 프로그램이 어떤 사람들은 격려하는가 하면, 다른 한편으로는 누군가를 단념시킨다는 것입니다. 이것이 무슨 뜻인지를 한 나이 많은 봉사자의 말을 통해 알 수 있습니다. 위임을 받아 교회에서 봉사하던 그녀는 "이 프로그램은 많은 소극적인 교인들을 교회 일에 적극적으로 참여할 수 있도록 격려합니다. 그리고 다른 한편으로는 주제넘은 사람들을 저지시키는 것 같습니다"라고 말했습니다. 이 프로그램의 이와 같은 소극적 가치는 얼핏 보는 것보다 훨씬 더 중요하다고 할 수 있습니다. 오늘날 교회에 만연해 있는 잘못된 관행 중 하나가 훈련받지 못한 부적절한 사람들이 주일학교에서 가르치고 있는 것이 아닙니까? 물론 많은 교사들이 훌륭한 자격을 갖추고 있고, 매우 헌신적입니다. 하지만 상당수가 신앙적인 확신이 부족하고 예수 그리스도와의 관계가 불분명한 것도 사실입니다. 훈련과 위임으로 구성된 이 프로그램의 장점 중 하나는 그런 특별한 봉사로 들어가는 뒷문을 확실하게 그리고 최종적으로 막아 버렸다는 점입니다. 이제 우리는 교회에서 봉사하고 싶어 하는 사람들에게 이렇게 말할 수 있습니다. "좋습니다. 훈련학교는 10월에 시작합니다!" 책임 있는 교회라면 교회의 심방 전도자, 교사, 리더, 상담자들에게 최소한의 훈련을 제공할 수 있어야 하지 않겠습니까? 봉사자들은 그리스도와 그분의 교회를 대표하기 때문입니다. 그들은 이 영광스러운 직분을 위해 구비될 필요가 있습니다. 영적인 일을 맡기기 전에 훈련과 위임 프로그램을 거치게 하는 것에 대한 찬성 여부를 묻는 설문 조사에서 응답자 중 96퍼센트가 찬성한 것을 보고 나는 무척 격려를 받았습니다.

이 프로그램의 세 번째 장점은 위임받은 봉사자들의 지위에 관한 것입니다. 사실 모든 '지위'는 그 자체에 위험성을 내포하고 있습니다. 모든 인간은 설령 거듭나고 세례를 받은 그리스도인이라 하더라도 교만과 질투의 유혹으로부터 벗어날 수는 없습니다. 물론 감독의 위임 없이도 훈련이 가능하며 봉사를 할 수 있는 것 또한 사실입니다. 그렇지만 봉사자들은 위임의 장점에 대해 누구보다 잘 인식하고 있습니다. 위임은 봉사자들로 하여금 자신들의 사역을 보다 진지하게 받아들이고, 봉사를 통해 훈련받고, 더욱 헌신하도록 만들어 줍니다. 또한 위임은 다른 사람들에게 봉사자의 권위를 받아들이게 하여 집을 개방하게 하는 역할도 합니다.

이제 끝으로 한 가지 점을 분명히 하고자 합니다. 우리가 개발한 훈련 학교와 봉사의 형태를 천편일률적으로 모든 교회에 적용할 수 있는 것은 아니라는 점입니다. 상황이 다른 곳에서는 특히 더 그렇습니다. 이런 형태는 없어도 됩니다. 그러나 평신도의 훈련과 봉사는 그렇지 않습니다. 이것은 교회에 없어서는 절대로 안 되는 것입니다. 적어도 신약성경의 가르침에 충실하고자 하는 교회라면 말입니다. 여기서 중요한 것은 평신도가 증거사역의 주체이고 성직자는 그들을 구비시키는 종이라는 근본 원리입니다. 이 원리가 구체적으로 적용되는 형태는 교회마다 다를 수 있습니다. 그러나 이 원리는 절대로 잊어서는 안 됩니다.

후기

방금 당신이 읽은 내용은 1968년에 쓴 글입니다. 이듬해에 마이클 보건이 제 뒤를 이어 올 소울즈 교회 담임 목회자가 된 후 교회는 자연스럽게 또 다른 변화를 경험했습니다. 그는 1976년에 앤드류 콘즈를 훈련담당 지도자로 임명했고, 앤드류 콘즈는 곧바로 이전의 훈련 학교보다 훨씬 더 광범위한 훈련 프로그램을 계획하기 시작했습니다. 나는 그 발전 과정을 흥미롭게 지켜보며 그들을 전적으로 지지하게 되었습니다.

봉사에 대한 근본 철학은 여전히 동일합니다. 곧, 그리스도의 몸에 속해 있는 각 지체는 모두 봉사를 위한 영적 은사를 부여받았고, 봉사하도록 부르심을 받았으며, 봉사를 위해 훈련받을 필요가 있다는 것입니다. 올 소울즈 교회에서 실시되고 있는 모든 훈련 프로그램을 총괄하며 앤드류 콘즈가 '구비실'(Equipment Room)로 명명한 것은 매우 의미심장합니다. 앤드류 콘즈는 이렇게 말합니다. "이 프로그램의 목적은 평신도들을 고도의 지적 수준으로 끌어올리거나 쓸모없는 사실들을 주입시키는 것이 아니다. 유일한 목적은 주님을 섬기는 데 필요한 지식과 기술과 열정으로 그들을 구비시키는 것이다. 하나님은 모든 그리스도인이 예외 없이 사역하기를 원하신다. '구비실'은 그리스도인들이 자신의 재능과 은사를 발견하고 개발하도록 돕기 위해 존재한다."

구비실의 기초 과정은 '일년 필수 과정'(Core year)입니다. 이 과정은 훈련 학교보다 훨씬 심화된 내용을 제공하는데, 일주일에 한 번씩 30주 과정(1학기에 10주씩)으로 평일 야간에 진행됩니다.

첫 번째 학기는 '성경의 가르침'을 집중적으로 가르칩니다. 성경은 그리스도인 봉사자에게 필수적인 도구이며, 무엇보다 전도와 상담에 가장 필요한 교훈을 제공할 필요가 있기 때문입니다. 이 과정은 성경의 신빙성과 권위, 예수 그리스도의 인격과 사역, 성경의 핵심으로서의 복음, 구원의 확신, 교회의 유익과 필요, 하나님의 섭리에 대한 신뢰와 이해, 성령에 대한 오해와 진실, 세상의 영광과 함정, 그리스도인의 견고한 성윤리, 죄 사함과 승리로서의 십자가와 부활 등으로 이루어져 있습니다.

두 번째 학기는 '성경 해석'에 초점을 맞추고 있습니다. 오늘날 중요한 이슈로 떠오른 주제를 두 부분으로 나눠서 다룹니다. 하나는 '원리 부분'입니다. 여기에서는 성경을 해석하는 방법을 다루는데, 문맥 속의 문장, 역사적 배경, 성경 어휘, 유형, 예언과 상징, 적용 등을 다룹니다. 다른 하나는 '실천 부분'으로 여기에서는 이 원리들을 특정 단락에 적용하게 됩니다.

세 번째 학기는 실제적 훈련단계입니다. 이 단계는 참여자의 선택에 따라 몇 개의 소그룹으로 나누어 진행됩니다. 각 그룹은 특정 봉사의 형태를 집중적으로 연구합니다. 예컨대, 1980년에는 6개 봉사 영역이 있었습니다. ① 주일학교 교사 ② 새신자반 리더 ③ 친교 모임 리더 ④ 기독교 문서 사역 ⑤ 복음 전도 ⑥ 일반적 상담 등입니다.

훈련은 전통적인 강의와 함께 토론, 공동 과제, 개인 연구, 기도, 역할 놀이 등을 통해 진행됩니다. 푸는 데 2-3시간 걸리는 과제물을 매주 내줍니다. 그리고 한 학기에 최소한 두 번 평가하는 시간을 갖습니다. 앤드류 콘즈는 집에서 푸는 것이 이 과정의 절반을 차지한다고 말하는데, 실제로 학생들도 그의 말에 동의합니다. "과제물을 꼼꼼히 검사하지 않던 좋은 시절이 있었지만 이제는 그 과제물을 수행하지 않으면 위임을 받을 수 없습니다. 필기시험은 매주 과제물로 대체되었습니다."

주중 저녁 강의와 과제물에 덧붙여 두 번의 가족 파티가 열립니다. 그곳에서 이 과정의 참여자들은 서로를 알아가고 봉사의 효율성을 높이기 위해 영적인 문제들에 관해 서로 대화할 수 있는 기회를 얻습니다.

이 과정에 대한 성도들의 반응은 굉장했습니다. 처음 4년 동안에는 매년 120명의 성도가 이 과정에 등록해 참여했고, 지금도 등록을 기다리는 사람들이 있습니다. 다른 교회에서 온 상당수의 교인이 참여하고 있으며, 어떤 교회는 담임목사가 평신도들을 직접 파견하기도 했습니다. 이런 이유로 이 프로그램을 타 교회에서 사용할 수 있도록 자료를 만들기 위해 앤드류 콘즈는 1980년에 랜스 피어슨(Langs Pierson)을 편집자로 세웠습니다. 각기 다른 교단의 12개 교회가 샘플용 1판을 실험적으로 사용했고, 1981-82년에는 2판이 실험용으로 사용되는 중입니다. 1982년 부활절 후에는 최종판이 나올 것입니다.

해마다 열리는 위임식에서 각 봉사자는 구체적인 책무를 위임받습니다. 담임목사인 마이클 보건은 그들에게 안수해서 위임을 하고, 봉사영역의 책임자가 그들을 위해 기도해 줍니다. 예전에는 위임받은 자와 위임받지 못한 자를 엄격히 구분했는데, 지금은 그것이 바람직하지 않다고 생각해서 더 이상 그렇게 하지 않습니다. 모든 교인들이 누구 할 것 없이 봉사하도록 부르심을 받았기 때문입니다. 봉사를 자원하는 사람은 이 과정에 등록하도록 권유를 받고 있으나, 수료자가 아닌 사람도 어느 영역에서나 봉사할 수 있습니다. 게다가 위임은 '평생 봉사'를 의미하는 것으로 인식되었습니다. 그래서 위임받은 봉사자들에게 '사임'이란 존재하지 않고 단지 다른 봉사 분야로 옮기거나 다른 교회에서 봉사를 계속하게 되는 것입니다.

이 과정의 수료자들이 봉사할 수 있는 분야는 점점 더 다양해지고 있습니다. 물론 주일학교 교사, 청소년 클럽 사역, 심방 전도, 새신자반 리더, 친교 모임 리더, 노인 심방 상담, 외국인 성경공부 모임 등 예전의 분야들도 여전히 있습니다. 그러나 새로운 분야의 봉사도 활발하게 이루어지고 있습니다. 불가지론자 모임, 기독교 문서 그룹, 강연 그룹, 병원 방문, 학생 봉사반, 결혼 준비반, 교회 안내, 노방 전도 같은 새로운 봉사 영역들이 계속 확대되고 있습니다.

마지막으로 중요한 점이 또 하나 있습니다. 일년 필수 과정의 위임식과 그 이후의 봉사가 끝이 아니라는 것입니다. 이 과정의 수료자들은 현장 훈련이 계속 필요하다는 사실을 인식하고 있습니다. 그래서 각 분야 봉사자들을 위한 전문적인 훈련 과정이 개설되어 있습니다.

그리고 '심화반'도 있는데, 이 과정은 리더십의 은사가 있는 이들을 위해 마련된 것으로 총 30주 과정입니다. 그러나 이 과정의 주된 목적은—수업이 주로 토론으로 이루어지는데—참가자들이 성경연구와 자기갱신에 그들의 마음과 삶을 더 철저하게 헌신하도록 돕기 위한 것입니다. 참가자들은 주말에는 다른 교회에서 전도와 훈련, 갱신 과정을 지도하고 있습니다. 올 소울즈 교회에서 이미 책임 있는 직분을 맡고 있는 그들은 미래에 팀 리더나 주일학교 부장, 평신도 목자, 성직자가 될 사람들입니다.

앤드류 콘즈의 최근 계획은 올 소울즈 실천 신학교(All Souls College of Applied Theology, 존 스토트가 소장으로 있던 현대기독교연구소의 전신으로 추측된다—옮긴이)를 세우는 것입니다. "우리는 목사, 교구 사역자나 선교사가 되기를 희망하는 사람들에게 전문적인 교육을 실시해야 한다고 확신해 새로운 형태의 신학교를 구상하고 있습니다." 그의 실천 신학교 설립 비전은 매우 중요하고 새로운 출발점이 될 것입니다. 왜냐하면 올 소울즈 실천 신학교에서 제공하는 교육은 다른 신학교와 같이 학문적으로는 엄격하겠지만 교회의 실제 상황을 고려해 행해질 것이기 때문입니다. 모든 교육은 강의든 개인 지도든 학문을 위한 학문이 아니라, 성경진리의 모든 영역을 현대를 살아가는 모든 그리스도인들의 필요와 연계시키고, 모든 신학이 실제로 적용되게 할 것입니다. 이 실천 신학교가 지금은 적은 수의 학생들로 시작했지만 우리는 이 대학이 머지않아 크게 성장하리라 기대하고 있습니다.

4장

그리스도인의 친교
=
코이노니아

몸 가운데서 분쟁이 없고
오직 여러 지체가 서로 같이 돌보게 하셨느니라
만일 한 지체가 고통을 받으면 모든 지체가 함께 고통을 받고
한 지체가 영광을 얻으면 모든 지체가 함께 즐거워하느니라
_고전 12:25-26

🔺 신약성경은 친교를 첫째, 우리의 공동유산(우리가 함께 소유하는 것)이라고, 둘째, 우리의 협동적 섬김(우리가 함께 나누어 주는 것)이라고, 셋째, 우리의 상호 책임(우리가 서로 함께하는 것)이라고 말합니다.

앞에서 우리는 평신도에 대한 올바른 이해는 교회를 바르게 이해하는 것에 달려 있으며, 성경에 나타난 교회의 비유들은 성직자와 평신도의 관계가 아니라, 하나님의 백성과 하나님의 관계 또는 하나님의 백성들 사이의 관계임을 살펴보았습니다. 후자, 즉 그리스도인들 사이의 관계는 일반적으로 '친교, 교제, 사귐'을 뜻하는 헬라어 '코이노니아'로 표현되는데, 이번 장에서는 바로 이 그리스도인의 친교에 초점을 맞추고자 합니다.

'친교'라는 말은 오늘날 교회에서 너무나 흔하게 사용되고 있습니다. 그리고 이 단어의 이미지는 매우 왜곡되어 있습니다. 사실 친교라는 말은 너무나 평가 절하된 나머지 다정한 친목이나 커피를 마시며 즐거운 잡담을 나누는 것 정도로 여겨지고 있습니다. 그로 인해 안타깝게도, 우리는 신약성경이 묘사하는 풍성하고 심오하며 충만한 친교에 못 미치고 있습니다.

그러나 한쪽에서는 성경적·역사적·실질적인 친교의 회복을 위한 강력한 움직임이 일어나고 있습니다.

친교의 필요성

성경을 열자마자 우리는 남자가 혼자 지내는 것이 좋지 않다는 하나님의 말씀을 듣게 됩니다(창 2:18). 이와 관련해 칼빈은 이것이 결혼 이상의 포괄적인 의미를 지닌다고 봤습니다. 독처하는 것은 일반적인 삶에서나 그리스도인의 삶에서 하나님의 뜻이 아닙니다. 사람들은 친교(당분간 정의하지 않은 채로 두겠습니다)가 필요하고, 사귐을 갖는 것이 하나님의 뜻입니다. 맥도날드(M. E. MacDonald)는 "오늘날 세상에서 가장 위험한 것은 수소폭탄이 아니라 공동체 없이 서로 가까워지는 것이다"[1]라고 말한 바 있습니다. '일터 신앙' 운동의 지도자인 브루스 라슨(Bruce Larson)은 술집의 인기가 친교에 대한 근본적 욕구를 보여 준다고 합니다.

술집은 그리스도가 교회에 주고자 하는 친교와 가장 유사한 모조품이다. 은혜 대신에 술을 나누고 현실 대신에 도피를 제공한다는 점에서 모조품에 불과하지만, 허용적이고 용납하고 포용적인 친교의 장소이다. 그 친교는 서로 충격을 받지 않고, 민주적이다. 그곳에서 사람들은 서로에게 비밀을 토로하되 그것을 다른 사람에게 발설하지도, 발설하기를 원하지도 않는다. 술집이 날로 번창하는 것은 대다수가 알콜 중독자이기 때문이 아니라 하나님이 인간의 마음속에 넣어준, 서로를 알고 사랑을 주고받고 싶은 욕망 때문이다. 그렇기 때문에 많은 사람들이 기꺼이 술값을 지불하면서 모조품을 찾는 것이다. 그리스도는 교회가 서로 충격을 받지 않고 민주적이고 허용적인 곳이 되기를 원하신다. 그래서 "나는 글렀다, 나는 너무 지쳤다, 나는 질렸다"라는 말을 스스럼없이 할 수 있는 곳이어야 한다. 오늘날 알코올 중독자들의 모임은 이런 특징이 있는데 교회는 오히려 이것을 잃어버렸다.[2]

이러한 친교에 대한 기본적 욕구는 주일예배나 주중 교회 모임 참석만으로는 결코 채워지지 않습니다. 군중이 모인 곳은 부자연스럽고 비인간적인 관계가 자리 잡기 쉽습니다. 그들은 예배하러 모인 회중이 되기보다 서로 관계가 없는 사람들의 집단이 되기 쉽습니다. 규모가 클수록 타인에 대한 이해와 관심은 적어지기 마련입니다. 사실 군중은 고독을 치유하기보다 오히려 영속시킬 수 있습니다. 따라서 대규모의 회중은 소그룹으로 나뉠 필요가 있습니다. 마치 초대교회 때의 가정교회들처럼 말입니다(롬 16:3-5; 몬 1, 2). 소그룹의 가치는 서로 관계를 맺는 사람들의 공동체가 될 수 있다는 점에 있습니다. 그 안에는 인격적인 관계의 유익과 도전이 동시에 존재합니다.

가정도 마찬가지입니다. 가정은, 우리가 하나님의 목적에 따라 성장할 수 있는 최적의 장소입니다. 남편과 아내, 부모와 자녀, 형제와 자매 등 복합적인 관계로 이루어진 가정은 어떤 곳보다 온전한 성인으로 성장할 수 있게 해 주는 곳입니다. 자녀가 외동일 경우에는 부모와 자식 등 셋이 있어도 종종 외로움으로 고통을 겪게 됩니다. 마찬가지로 그리스도인들과의 친밀한 교제에서 떨어져 있는 외톨이는 영적으로 성장하기가 어렵습니다.

그러므로 그리스도인 가정이나 교회의 친교 모임 같은 작은 그룹들이 우리의 영적 성장에 필수불가결하다는 주장은 결코 과장된 것이 아닙니다. 오늘날 교회에는 예배당의 뒷좌석이나 기둥 뒤에 숨어 있다가 예배만 드리고 가는 외로운 그리스도인들이 많습니다. 세례를 받아 가시적인 공동체의 일원이 되었고 외관상으로는 교인처럼 보이지만 실제로는 그리스도나 그리스도의 백성에 속하지 않은 사람일지도 모릅니다.

두 번째로 소그룹의 필요성을 역사적인 관점에서 살펴보도록 하겠습니다. 지금까지의 많은 유명한 성령의 운동이 이와 같은 가까운 친교 모임으로부터 시작했다는 점에 주목할 필요가 있습니다. 영국의 종교개혁이 그랬습니다. 영국 종교개혁의 근원은 케임브리지에 있는 화이트 호스 여관에 모여서 에라스무스의 헬라어 신약성경을 공부했던 학자들의 모임이었습니다. 옥스포드 대학교 내의 '홀리 클럽'이나 '속회 모임'에 근원을 두고 있는 감리교도 마찬가지입니다. 스코틀랜드의 기도 모임이나 최근 부흥하고 있는 동아프리카의 친교 모임 같은 것도 마찬가지입니다. 이와 같이 작고 소박한 모임에서 위대한 운동이 태동하고 확산되었습니다.

세 번째로 목회적인 면을 살펴보도록 하겠습니다. 규모와 상관없이 모든 교회에는 보다 인격적인 목회적 감독의 필요성이 있습니다. 목회자는 새신자 양육과 환자의 심방, 세례 문답, 결혼이나 부부 상담, 유족 위로, 전도 훈련 같은 일들에 우선순위를 두고 있습니다. 그러나 규모가 어느 정도 되면 목회자는 교인 개개인을 정규적으로 상담하거나 심방하는 것이 불가능해지고 또 그렇게 해서도 안 됩니다. 이러한 사역은 성직자만이 할 수 있는 일이 아니기 때문입니다. 스코틀랜드 교회는 평신도 지도자(lay elder)로 하여금 그러한 사역을 목사와 함께 담당하게 하고 있다고 로이 핸더슨(Roy Handerson) 목사는 말합니다. 그는 브리스톨에 위치한 성 누가 교회의 바톤 힐에서 도입한 그 제도를 다음과 같이 말합니다. "우리 교회는 교구의 목회 사역과 리더십에 동참하도록 감독이 임명한 평신도 지도자들이 있다." 한 사람만 제외하고 그들은 회중들에게 잘 알려져 있고 존경받는 그 지역 사람들입니다.

나아가 성경은 우리 각자가 자기 형제를 지키는 자라고 가르칩니다. 이 말은 어느 의미에선 모든 그리스도인이 감독으로 간주될 수 있음을 암시하는데, 왜냐하면 특정한 '에피스코페'(감독)가 교회의 각 회중에게 위탁되었기 때문입니다. 히브리서 12장 15−16절에 나오는 문장, "너희는 하나님 은혜에 이르지 못하는 자가 없도록 하며… 장자의 명분을 판 에서와 같이 망령된 자가 없도록 살피라"에 그 동사형이 등장합니다. 여기서 '살피라, 돌보다'라는 뜻의 헬라어 '에피스코포운테스'는 특정 부류가 아니라 모든 그리스도인에게 요구되고 있습니다. 이것이 사실이라면 그 일은 당연히 친교 모임에서 실천해야 할 것입니다. 이를 통해 목사는 평신도 지도자들에게 목회적 감독의 사역들을 위임할 수 있고, 모든 회중이 서로를 돌아보는 법을 배울 수 있기 때문입니다.

다음은 존 웨슬리(John Wesley)가 1742년 8월 25일 그의 일기에 기록한 글입니다.

오늘 나는 진지하고 현명한 몇 사람을 만났다. 나의 목회적 돌봄을 받고 싶어 하는 회중들이 많은데, 그들의 요구를 충족시키지 못하는 안타까움을 그 사람들에게 토로했다. 오랜 대화와 토론 끝에 브리스톨의 경우처럼 그들을 여러 속회로 나누어 내가 가장 신뢰할 수 있는 사람들의 감독을 받게 하는 것이 최선의 방법이라는 결론에 도달했다. 이것이 런던에서의 속회 모임의 기원이었다. 이로 인해 나는 한없이 하나님을 찬양하고, 헤아릴 수 없는 이 제도의 장점은 날이 갈수록 더 명백해지고 있다. [3]

R. W. 데일(Dale) 박사는 이에 대해 다음과 같이 말하고 있습니다.

감리교는 속회 모임을 통해 교회 제도에 놀라운 공헌을 했다. 나는 지금까지 속회 모임과 같은 이상적인 목회 사역

을 보지 못했다. 이것은 하나님과의 교제뿐 아니라 그리스
도인의 삶의 능력과 기쁨, 균형 잡힌 영적 성장에 필수불가
결한 성도들의 교제를 제공하기도 한다. [4]

분명히 우리 세대에, 적어도 제2차 세계대전 이후에 가정 교
회나 가정 모임 운동이 전 세계에서 꾸준히 성장해 나가고 있습
니다. 대부분의 경우에는 뚜렷한 성경적, 역사적, 혹은 목회적
근거가 없습니다. 그것은 대체로 자발적이고 순수한 성령 운동
으로 보입니다. 인간적인 관점에서 이를 설명한다면 세속 사회
의 비인간화 현상과 교회 생활의 피상적 형식주의에 대한 반발
로 이해할 수 있을 것입니다. 이는 참으로 인간적이고 진실한
삶에 대한 갈망이 광범위하게 퍼져 있다는 증거이기도 합니다.

이러한 자발적인 운동 중의 하나가 미국 텍사스의 회사들과
전문 직업인 사이에서 일어나고 있습니다. 이에 대한 생생한 이
야기를 우리는 키이스 밀러의 『새 포도주의 맛』(1963)에서 찾아
볼 수 있습니다. 이 책의 제목은 기독교 공동체의 놀라운 체험
을 표현한 것입니다. 키이스 밀러는 "오늘날 평신도들은 주일
예배나 여러 위원회에 참석하는 것으로 만족하지 못하고 있다
(p. 18)"라고 말합니다. 그리스도 안에서의 그들의 새로운 삶은
새로 발효되는 포도주와 같아서 제도적 교회의 옛 가죽 부대

를 터뜨려 버리려고 위협합니다(pp. 105-116). 그들은 더 이상 그들의 신앙을 구획화시키지 않고 온전한 삶을 살고 싶어 합니다. "그리스도는 사람들의 영혼 속에 있는 직업과 가정, 교회 사이의 칸막이를 허무시고, 그들의 삶 전체를 담을 수 있는 방 한 칸짜리 거처를 만들고 계신다(p. 18)." 키이스 밀러는 오랫동안 교인으로 직장생활을 하던 중에 어느 날 직장동료가 자신에게 '당신이 그리스도인인지 몰랐다'고 하는 말을 듣고 충격을 받았던 경험을 다음과 같이 들려줍니다.

> 그 말을 듣고 나는 정말 아찔했다. 오랫동안 나는 그리스도를 붙잡고 있었고 그리스도를 내 마음의 중심에 모셨지만, 직장에 출근할 때면 그분을 주차장에 남겨 두었다는 사실을 깨닫게 되었다.[5]

그리스도를 그의 삶의 모든 영역에 주님으로 모셔야 한다는 사실을 깨닫게 된 것입니다.

> 나는 직장생활, 교회생활, 가정생활, 기도생활에서 서로 다른 언어, 다른 유머, 다른 윤리관을 가져서는 안 된다는 것을 그제서야 알게 되었다(p. 65).

그래서 그는 '하나님을 간절히 알기 원하는' 열한두 명을 중심으로 '일상생활 속에서' 그리스도를 의식하고 그 체험을 서로 나누는 작은 모임을 만들었습니다. 그들은 만날 때마다 성경 공부와 기도를 했고, 지난주 자신들에게 일어났던 문제들과 새롭게 발견한 것들을 나누었습니다. 이를 통해 그들의 삶 속에서 '오늘날의 새로운 그리스도의 발자국'을 추적하기 시작했습니다. 그들은 환자 심방, 신앙과 직장생활의 통합, 난민 소년 지원, 형기를 마친 죄수들의 직업 알선 같은 일들에 적극적으로 참여하게 되었습니다. 그리고 그들은 다음과 같은 것을 발견했습니다.

> 기독교란 결코 "종교"가 아니다. 기독교는 진정한 창조적인 삶이다. 그 삶 속에서 우리는 자신에 대해 정직해지고, 그리스도와 서로를 받아들이고 사랑할 수 있게 된다. 왜냐하면 살아 계신 그리스도가 우리 가운데 거하시며, 우리를 그분과 그분의 세계로 끌어당기시기 때문이다.[6]

나는 1968년 1월에 미국에서 키이스 밀러를 직접 만나는 기쁨을 누렸습니다. 그리고 그의 책에서 읽은 내용을 그로부터 생생하게 들을 수 있었습니다. 그 만남이 무척 흥미로웠던 것은 서로 다른 데서 출발했지만 서로 비슷한 목적을 가지고 유사한 모임을 조직했다는 사실이었습니다. 키이스 밀러와 올 소울즈 교회가 다른 것이 있다면 그와 그의 친구들은 필요에 의해 모임을 만든 반면, 우리는 (물론 필요를 느끼고 있었지만) 신학적 확신에 근거하여, 즉 신약성경이 코이노니아에 대해 무엇이라고 말하는가를 연구한 끝에 출발했다는 것뿐이었습니다.

친교의 성경적 의미

'코이노니아'라는 단어의 핵심은 '공통'이라는 뜻을 지닌 어근 '코이노스'에 있습니다. 친교를 뜻하는 '코이노니아'와 동반자를 뜻하는 '코이노노스', 그리고 '나누다'라는 뜻의 '코이노네오'는 모두 우리가 무엇인가를 공통적으로 소유하고 있음을 가리킵니다. 이런 이유로 C. H. 다드(Dodd)는 '코이노노이'를 "재산을 공유한 사람이나 공통의 관심사를 갖고 있는 동반자 혹은 동업자들"이라고 말했던 것입니다.[7]

신약성경에 사용된 이 단어군을 자세히 연구해 보면 그리스도인의 코이노니아 혹은 '공통성'이라는 말이 세 가지 형태를 취하고 있음을 알 수 있습니다.

첫 번째이자 가장 중요한 점은, 우리가 공통된 기독교 유산을 다 함께 공유하고 있다는 것입니다. 사실 이것이 코이노니아의 근본적인 뜻입니다. 오늘날 일반적으로 '친교'는 주관적인 어떤 것, 공동의 소속감이나 경험을 묘사하는 말로 사용되고 있습니다. "우리가 좋은 교제를 나눴다"라는 말은 다 함께 따스한 분위기에서 편안한 마음으로 좋은 시간을 보냈다는 것을 의미합니다. 그러나 성경이 말하는 '친교'는 하나의 객관적인 사실을 가리킵니다. 성경적 친교는 복음의 유익을 함께 소유한다는 뜻입니다. 우리는 '공통된 믿음'과 '공통된 구원'을 소유하고 있으며 은혜에 '함께 동참한 사람들'(수코이노노우스)입니다 (딛 1:4; 유 3절; 빌 1:7). 믿음, 구원, 그리고 은혜는 모든 그리스도인의 공통분모이며, 우리 각자는 그 은혜로 말미암아 믿음으로 구원을 받았습니다(엡 12:8, 9). 이 때문에 우리는 하나가 된 것입니다.

　　특히 우리는 삼위일체 하나님의 구원의 은혜를 받았습니다. 우리는 사도들의 증언을 통해 그들과 교제를 나누고 아버지와 그 아들 예수 그리스도와의 사귐에 참여하게 되었습니다(요일 1:1-4; 행 2:42). 우리의 '상호교제'는 "하나님과의 사귐"에 의존해 있습니다(요일 1:6, 7). 우리는 하나님의 "부르심"을 받아 "그 아들 예수 그리스도 우리 주님과 사귐"에 들어가게 되었습니다. 그리고 떡을 떼고 잔을 나눔으로써 우리는 그의 몸과 그의 피에 참여하는(코이노니아) 즐거움을 누릴 수 있게 된 것입니다 (고전 1:9; 10:16; 10:20). 나아가 우리는 "성령의 교제"를 허락받았는데, 성령은 모든 하나님의 백성 안에 거하시며 그들을 "신의 성품에 참여하는 자들"(코이노노이)로 만드십니다.

한 아버지의 뜻과 말씀으로 태어나서 한 아들의 피로 구원을 받아 한 성령의 거하실 처소가 되는 것, 이것이 우리의 코이노니아이며, 우리 모두가 은혜로 말미암아 믿음으로 공유하게 된 '공동의 구원'인 것입니다.

그렇다고 우리가 게으름과 죄악에 안주해도 된다는 것은 아닙니다. 왜냐하면 빛이신 하나님과의 사귐은 그 자체가 거룩하게 되고 싶은 동기를 유발하고, '열매 없는 어두움의 일에' 참여하는 것을 배제시키기 때문입니다(엡 5:11; 고후 6:14; 마 23:30; 딤전 5:22; 요이 11; 계 18:4). 더욱이 구원은 우리에게 고난을 면제시켜 주지도 않습니다. 오히려 그리스도와의 교제는 '그의 고난에 동참하는 것'을 내포하고 있습니다. 하지만 '그리스도의 고난에 동참하는 사람'은 또한 '나타날 영광'에도 동참하게 될 것입니다. 따라서 모든 그리스도인들은 그리스도 안에서 '고난의 인내와 그 나라의 영광'에 동참하는 동반자들입니다.

이것이 성경이 말하는 코이노니아, 친교, 사귐의 근본 의미입니다. 지금은 잠시 다 함께 고난을 당하지만 현재의 은혜와 장래의 영광에 다 함께 동참하는 것입니다. 그리스도인의 사귐은 하나님의 "위대한 구원"에 동참하는 것입니다(히 2:3).

그러나 친교는 다 함께 공유하는 것 그 이상입니다. 둘째로, 그것은 다 함께 나누어 주는 것입니다. 왜냐하면 신약성경이 말하는 코이노니아는 우리가 공동으로 소유하는 것뿐만 아니라 다 함께 행하는 것, 즉 우리의 공동 유산뿐만 아니라 공동의 섬김과도 관계가 있기 때문입니다. 누가는 '코이노노이'라는 단어를 야고보와 요한, 안드레와 시몬의 동업 관계를 묘사할 때 사용합니다(눅 5:10). C. H. 다드는 그들이 "작은 고깃배의 공동 소유자"였음을 의미한다고 말합니다. 동시에 그들이 같은 직업에 종사하는 동료였다는 뜻도 있습니다.

사도들이 성공적으로 엄청난 고기를 잡은 후 예수님은 시몬에게 "두려워하지 마라. 이제 후로는 네가 사람을 취하리라"고 말씀하셨습니다. 따라서 우리가 교회를 어부들의 모임이나 고기 잡는 동업자들, 즉 '코이노노이'라고 불러도 틀린 말은 아닙니다. 실제로 바울은 복음의 동역자인 디도와 빌레몬을 '코이노노이'라고 불렀습니다. 특히 동역자 빌레몬이 그의 믿음을 다른 이들에게 나누어 주고 있음을 언급하는 문맥에서 그렇게 말하고 있습니다(고후 8:23; 몬 6, 17절). 바울의 동반자는 그리스도인 지도자들만이 아니었습니다. 바울은 빌립보 교회의 성도들이 그들이 회심한 '첫날부터' 그들이 편지를 받는 그때까지 '복음을 위한 일에 참여'하고 있어서 하나님께 감사합니다(빌 1:5; 고전 9:23). '안에'라는 뜻의 헬라어 '에이스'는 그들의 동반자 관계가 복음의 축복을 함께 누리는 것뿐 아니라 복음을 다른 사람들과 나누는 것에도 있음을 시사하고 있습니다. 코이노니아가 복음 전파와 관련해 이와 유사하게 사용된 또 다른 곳은 갈라디아서 2장 9절입니다. 이 구절은 예루살렘의 사도들인 야고보와 베드로, 그리고 요한이 바울과 바나바에게 '친교의 악수'를 청했다고 말합니다. 이 친교의 악수란 무슨 의미일까요? 그것은 그들이 세계 복음화를 위한 동업자라는 표시, 곧 "우리는 이방인에게, 그들은 유대인에게" 복음을 전하도록 동일하게 부르심을 받았다는 의미였습니다.

그리스도인들이 다 함께 나누어 줄 수 있는 보물은 복음만이 아닙니다. 그리스도인들이 나눌 수 있는 또 다른 보물은 우리의 소유물입니다. 성경은 부유한 사람에게 "관대해야"(코이노니코스) 한다고 말합니다(딤전 6:18). 모든 그리스도인은 코이노니아를 소홀히 하면 안 되며(히 13:16) 다른 성도들의 쓸 것을 공급해야 합니다(롬 12:13). 마게도냐와 아가야 교회가 예루살렘에 있는 어려움에 처한 성도들을 위해 '연보'를 보냈는데, 연보라는 단어 또한 코이노니아에서 파생된 '코이노네오'라는 헬라어입니다(롬 15:26; 고후 8:4; 9:13). 따라서 코이노니아라는 말은 다 함께 복음의 축복에 참여하는 것과 다 함께 그 축복을 나누는 것을 모두 가리키는 단어입니다.

앞서 우리는 코이노니아의 두 가지 측면을 살펴보았습니다. 모든 그리스도인은 두 방향 중 어느 한쪽을 향하고 있다고 말해도 무방합니다. 우리가 함께 공유하고 있는 것에 집중할 때는, 그 자신을 우리에게 내어주신 주님을 향하게 됩니다. 우리가 함께 복음을 나눠 주는 것에 집중할 때는, 우리가 섬기려는 사람들—그것이 세상이든 교회이든—을 향하게 됩니다. 그런데 코이노니아의 세 번째 측면은 다른 사람과 함께하는 것과 관련이 있습니다. 그리고 이 세 번째 측면에 집중할 때는, 우리가 더 이상 동일한 방향을 향하지 않습니다. 우리는 둥그렇게 모여 서로를 향합니다. 피체트(Fichett) 박사는 캐나다인 청중에게 이렇게 상기시켜 주었습니다.

두 가지 신앙생활의 개념이 있다. '전차형'과 '난롯가형'이 바로 그것이다. 전차에서 우리는 동료 승객 옆에 앉아 한 방향을 향해 함께 나아간다. 하지만 그 안에서 우리는 교제도 하지 않고 서로에게 관심도 없다. … 다른 한편, 난롯가에 가족이 옹기종기 모여 있다. 모두 난로 주변에 둘러 앉아 공동의 일과 관심사를 가지고 대화한다. 공동의 관계가 있는 곳에서는 우리가 사랑과 사귐의 띠로 하나가 된다. … 감리교에서는 바로 난롯가형 신앙생활을 가르친다.[8]

그러나 '난롯가형' 신앙생활은 감리교만의 전유물이 아닙니다. 그것은 신약성경이 말하는 코이노니아의 본질적인 특성입니다. 이는 일방적으로 주거나 일방적으로 받는 그런 사귐이 아닙니다. 바울이 말하듯 코이노니아는 '주고받는 일에 참여'하는 것입니다(빌 4:15). 실제로 영국 성공회는 이 성경 구절을 근거로 '상호 책임과 상호 의존'이라는 중요한 프로그램을 수립하기도 했습니다.[9]

이런 교제는 오순절 날에 시작되었습니다. 누가의 기록에 따르면 새로 탄생한 믿음의 공동체가 성령으로 충만하게 되었을 때 '모든 물건을 서로 통용'(하판타 코이나)하였다고 합니다(행 2:44; 4:32). 그들이 자신의 소유를 서로 나누었다는 뜻입니다. 그것은 주고받는 교제였습니다. 물론 우리는 코이노니아의 세 번째 측면을 돈에만 한정해서는 안 됩니다. 예를 들어 바울과 빌립보 교회의 성도 사이에 주고받았던 것은 복음과 선물이었습니다(갈 6:6과 고전 9:11 비교). 이와 마찬가지로 유대 지역의 가난한 성도들을 위한 헬라 지역 교회들의 모금이 자발적인 것이긴 했지만 복음의 빚을 갚는 행동이기도 했습니다. 바울은 이것을 유대인과 이방인 사이의 '상호 책임과 상호 의존'의 상징으로 보았던 것입니다. "만일 이방인들이 그들의 영적인 것을 나눠 가졌으면 육신의 것으로 그들을 섬기는 것이 마땅하니라"(롬 15:26, 27; 11:7).

바울은 그리스도인과 교회 사이의 상호 책임과 상호 의존 관계를 매우 중요하게 생각했습니다. 바울은 이방인들 앞에 그리스도의 이름과 복음을 대변하는 사도였지만 다른 사람들의 도움이 필요한 존재임을 겸손하게 인정했습니다. 예수님도 부도덕한 사마리아 여인에게 마실 물을 달라고 부탁하신 것처럼 바울도 인간적인 우정이 자기에게 필요하다는 것을 고백했습니다(고후 7:6; 딤후 4:9, 11, 21). 로마 교회에 쓴 편지에서도 코이노니아라는 단어를 사용하지는 않았지만 그들을 방문하려는 목적이 그들에게 신령한 은사를 나누어 주고 그들을 견고하게 해 주려는 것뿐 아니라 서로의 믿음을 통해 피차 위로를 받으려는 것에 있다고 말합니다(롬 1:11, 12).

바로 이러한 맥락에서 우리는 신약성경에 적지 않게 등장하는 "서로"라는 단어를 주목할 필요가 있습니다. 그 단어는 참된 그리스도인의 상호 교제를 특히 강조하기 때문입니다.

'서로'라는 뜻의 헬라어 '알렐로우스'는 상호 간에 주고받는 사랑을 묘사할 때 주로 사용되는 단어입니다. 예수님이 "새 계명을 너희에게 주노니 서로 사랑하라. 내가 너희를 사랑한 것 같이 너희도 서로 사랑하라. 너희가 서로 사랑하면 이로써 모든 사람이 너희가 내 제자인 줄 알리라"라고 말씀하실 때 사용하셨던 단어가 바로 이 '알렐로우스'입니다. 조금 뒤에 그분은 이 말씀을 되풀이하십니다(요 13:34, 35; 15:12, 17). 이 단어는 또한 사도 바울과 베드로, 요한의 편지에서도 반복해서 등장합니다(롬 12:10; 13:8; 살전 3:12; 4:9; 벧전 1:22; 요일 3:11, 23; 4:7; 11, 12; 요이 5).

신약성경에 등장하는 '서로'의 다른 용례들은 이러한 상호 사랑의—긍정적·부정적— 결과입니다. 우리가 서로 사랑한다면 서로 '판단하지' 않을 것이고, '헐뜯거나' '삼키거나' '비난하거나' '시기하거나' '거짓말하지' 않을 것이며, 또한 '악하게 말하거나' '불평하지' 않을 것입니다(롬 14:13; 갈 5:15, 26; 골 3:9; 약 4:11; 5:9). 서로에 대한 참된 사랑은 긍정적으로 표현되기도 합니다. 서로를 세워 줍니다. 또한 서로를 '용납하고' 서로에게 '친절하며' '온유하고' '오래 참고' 서로를 '용서하며' '섬기며' '후하게 대접하며' '타이르고' '권면하며' '복종하고' '위로'합니다(롬

14:19; 15:17; 엡 4:2, 32; 골 3:13; 갈 5:13; 비교, 요 13:14; 벧전 4:9; 롬 15:14; 엡 5:21; 벧전 5:5; 살전 4:18).

이러한 의도적이고 긍정적인 상호 섬김은 우리가 서로에게 속해 있다는 근본적인 사실에 근거해 있습니다. 우리는 형제요 자매이기 때문에 서로를 지키는 자들입니다. 바울이 좋아하는 비유로 말하면 "우리 많은 사람이 그리스도 안에서 한 몸이 되어 서로 지체가 되었다"는 것입니다(롬 12:5: 엡 4:25). 따라서 우리는 우리가 받은 은사로 서로를 섬겨야 하고, 서로 시기하거나 멸시해서는 안 됩니다. "몸 가운데 분쟁이 없고 오직 여러 지체가 서로 같이 돌보게 하셨느니라. 만일 한 지체가 고통을 받으면 모든 지체도 함께 고통을 받고 한 지체가 영광을 얻으면 모든 지체가 함께 즐거워하느니라"(고전 12:25, 26).

이러한 '지체 의식'과 상호 돌봄은 직접 만나 교제할 때에만 제대로 표현됩니다. "서로를 문안"하라는 명령이 신약의 서신들에서 자주 반복되는 이유가 여기에 있습니다(롬 16:16; 고전 16:20; 고후 13:12; 벧전 5:14). 물론 당시의 '거룩한 입맞춤'은 J. B. 필립스(Phillips)의 번역처럼 오늘날 "악수"로 바뀌었지만 말입니다. 우리가 만남을 소홀히 하지 않고 실제로 친교를 나눈다면 '서로 돌아보아 사랑과 선행을 격려'할 수 있게 됩니다(히 10:24). 또한 우리가 서로 잘못을 범했다면 '서로 죄를 고백하고' '서로 기도해 주고' '서로 짐을 지고' '그리스도의 법을 성취하며' '즐거워하는 자들과 함께 즐거워하고' '우는 자들과 함께 울어' 줄 수 있습니다(약 5:16; 갈 6:2; 롬 12:5). 이상과 같이 다양하고 풍성한 모양으로 나타난 "서로의 지체 됨"은 신약성경이 말하는 친교의 본질적 요소입니다.

우리는 앞에서 다룬 신약성경에 나타난 코이노니아의 세 가지 측면을 다음과 같이 요약할 수 있습니다. 신약성경은 친교를 첫째, 우리의 공동유산(우리가 함께 소유하는 것)이라고, 둘째, 우리의 협동적 섬김(우리가 함께 나누어 주는 것)이라고, 셋째, 우리의 상호 책임(우리가 서로 함께하는 것)이라고 말합니다. 먼저 우리는 다 함께 받습니다. 그리고 우리는 다 함께 나누어 줍니다. 그리고 마지막으로 우리는 서로 주고받습니다.

성경적 이론과 실천: 올 소울즈 교회

이상은 성경이 제시하는 이론입니다. 하지만 많은 그리스도인들이 그것이 실천 가능한 이론임을 발견하고 있습니다. 한 가지 실례를 들겠습니다. 스티븐 베르니(Stephen Verney)는 성령에 관한 책『코벤트리의 불』(fire in Coventry)에서 코벤트리의 교외에 있는 몽크스 커비의 성직자들에 관한 이야기를 들려줍니다. 그 성직자들이 어떻게 '서로를 알고, 서로를 돌아보며, 서로에게 속하고, 무엇보다도 서로 자신의 연약함을 시인하게 되어'(p. 14) 하나 됨이 되었는지에 대해 이야기해 줍니다. 이후에 그들의 친교 경험이 그 교구 전역에 있는 성직자와 평신도들에게 널리 퍼져 나갑니다. 이 모임이 성공하는 데는 크게 세 가지 요인이 작용합니다. 사랑(소외된 자와 가장 작은 자와 잃어버린 자에게 나아가는 것), 기도(하나님의 손에 자신을 맡기는 것), 성령이 그것이었습니다(p. 33). "사랑, 기도, 성령. 이 셋은 교회의 가슴에서 함께 춤추는 삼총사요 하나입니다. 그 이외의 것은 모두 부수적입니다"(p. 51)라고 베르니는 말합니다. 그는 계속해서 요한복음을 인용해 사랑, 기도, 성령을 세 명의 발레리나로 묘사합니다. "서로 사랑하라… 내 이름으로 구하라… 내가 진리의 성령을 보내리라." "세 명의 무용수들이 무대 중앙에서 서로 손을 잡고 춤을 춘다. 그들은 복잡한 형태로 서로 얽히면서 춤을 춘다. 그들은 다 함께 춤을 추지만 하나다. 이는 곧 예수 그리스도다. 예수님은 자신을 우리에게 주셨듯이 그 셋을 우리에게 동시에 주신다"(p. 89, 90).

이번에는 동일한 성경적 이론을 올 소울즈 교회에서의 경험을 통해 좀 더 자세히 설명할까 합니다. 한번은 교회 위원회에서 신약성경이 말하는 이상적인 그리스도인의 친교에 관해 연구하게 되었습니다. 그 결과 우리는 친교 이론을 현장에서 실천하기로 결정했습니다. 지난 15년 동안 매주 모이는 '기도 모임'이 가장 중심적인 프로그램으로 진행되고 있던 상황이었습니다. 처음에 20명 정도 참석하다가 최대 200명까지 늘어났지만 다시 100여 명으로 줄었습니다. 언젠가부터 정체 상태에 빠진 것입니다. 기도 모임을 인도하던 평신도들의 목소리는 들리지 않고 성직자들이 지배하는 모임으로 전환되었으며 상호 친교의 기회도 거의 사라졌습니다.

신중한 토론을 거친 후 위원회는 그 기도 모임을 중단하는 대신 격주로 가정에서 모이는 친교 모임과 격주로 친교 그룹들이 다 함께 모이는 교구 모임을 갖기로 했습니다.

1965년 4월에 발표된 정책 선언문은 다음과 같은 말로 시작합니다. "성직자 그룹과 교구 위원들과 교회 위원회가 지난 일년 동안 성경이 말하는 그리스도인의 교제와 그 적용점에 대해 신중히 연구를 한 끝에 우리는 성경과 교회사로부터 소규모 친교 모임의 중요성과 가치를 확신하게 되었습니다. 또한 하나님이 회중의 영적 유익을 위해 우리의 친교 모임을 발전시키길 원하고 계신다고 믿게 되었습니다. 따라서 우리는 교회의 주중 프로그램 중 친교 모임에 최우선 순위를 두려고 합니다. 우리는 교회의 모든 구성원들이 친교 모임에 참여할 수 있기를 바랍니다. 우리는 이 친교 모임을 통해 성경에 나타난 그리스도인의 교제의 세 가지 측면이 드러나고 개발되기를 바랍니다. 그 세 가지 측면이란 하나님과의 관계, 성도들 사이의 돌봄, 세상을 향한 봉사입니다. 친교 모임의 구성원들이 한마음으로 성경 읽기에 전념하여 하나님을 아는 지식을 넓히고, 사랑으로 서로를 돌아보며 서로의 짐을 져 주고, 함께 그리스도인의 봉사에 참여할 수 있기를 바라고 기도합니다."

이러한 세 가지 성경적 이상을 실천하기 위해 친교 그룹이 시도하고 있는 몇 가지 방법들을 소개하려고 합니다.

첫째로 각 친교 그룹은 구성원들이 이미 누리고 있는 공동체의 삶을 더욱 풍성하게 만들기 위해 성경 읽기와 기도를 중시합니다. 이를 위해 교회는 각각의 친교 그룹에 내용별, 주제별 성경 단락들에 짧은 주석을 덧붙인 성경읽기표를 6개월에 한 번씩 제공합니다. 모든 구성원에게 미리 한 부씩 제공하여 예습도 가능합니다. 그러나 친교 모임은 단순히 성경을 공부하기 위한 모임이 아니기 때문에 성경 읽기로만 그날의 시간을 보내지 않도록 지도합니다. (대부분이 평신도인) 리더의 역할은 그 그룹이 다 함께 그리스도의 말씀을 통해 그분을 섭취하도록 돕는 일입니다. 성경을 읽는 목적은 성경구절의 의미를 알기 위해서가 아니라, 그 말씀이 우리의 상황에 대해 말하고, 우리를 지도하고 바르게 하고, 우리를 권면하고 꾸짖고 도전하고 위로하게 하는 데 있습니다. 성경 읽기는 그 자체가 목적이 아니라, 하나님을 더욱 깊이 알고 하나님의 뜻에 더욱 순종하는 삶을 살도록 하는 수단입니다.

성경 읽기의 유익을 방해하는 장애물들이 많습니다. 말을 많이 하는 사람은 억제시키고, 입을 다물고 있는 사람에게는 말할 수 있는 기회를 제공해야 합니다. 또 다양한 묵상 방법을 동원할 필요가 있습니다. 한 절씩 세심하게 읽거나 몇 군데를 선택해서 읽거나 질문과 답변 형식을 동원해도 좋습니다. 어떤 모임에서는 구성원들이 돌아가면서 성경 읽기 시간을 인도해 자유롭고 편안한 분위기 가운데 친교를 나누기도 합니다.

대부분의 친교 그룹에서는 일 년에 한 번 성찬식을 갖습니다. 성찬식은 현대어로 간단하게 진행되며 성직자는 목사 가운을 입지 않습니다. 이 시간은 다 함께 성경과 더불어 그리스도를 먹는 귀중한 시간입니다. 주님은 말씀만이 아니라 떡을 떼는 일을 통해서도 자신을 알리시기 때문입니다.

대부분의 그룹은 모일 때마다 '애찬식'의 형태로 비공식적으로 '떡을 떼기'도 합니다. 간단하게 다과를 나누거나 식사를 함께 하기도 합니다. 영적인 행위에 사회성이 더해질 때 교제는 더욱 풍성해집니다.

둘째로 친교 그룹은 그들의 교제를 서로 '나누는 것'과 동시에 '나누어 주는 것'으로 확산시키려 노력하고 있습니다. 내부 지향적인 친교 모임은 건강하지 못하고 메마르게 되기 때문입니다. 서로 '나누는 것'과 '나누어 주는 것'은 반드시 병행되어야 하는데, 한쪽이 없으면 균형을 잃어버리기 때문입니다. 이것을 다른 말로 표현하면, 그리스도인은 '거룩한' 동시에 '세상 참여적'이어야 하며 '세상에서 물러나는' 것과 '세상에 개입하는' 것이 모두 필요하다고 할 수 있겠습니다. 그리스도인이 이 세상 속에서 열매를 맺기 위해서는 영적 자원을 충분히 갖고 있어야 합니다. 그리고 이러한 영적 자원은 세상에서 물러날 때 얻을 수 있고 세상을 섬기는 일에 사용해야 합니다. 엘튼 트루블러드 박사는 이 진리를 교회의 공동생활에 적용한 대표적인 인물입니다. 그는 교회를 "약하기 때문에 모이고, 연합하여 담대해지면 세상을 섬기기 위해 흩어지는, 자신의 부족함을 의식하는 사람들의 모임"이라고 정의합니다.[10] 실제로 그는 "흩어지는 교회의 개념과 모이는 교회의 개념 사이에 아무런 모순이 없음을 깨닫는 순간 우리는 커다란 진보를 경험할 것이다"라고 주장합니다.[11]

그러면 친교 그룹이 수행하는 봉사란 어떤 것일까요? 가장 먼저 중보 기도의 봉사가 있습니다. 공동의 봉사라고 할 수 있는 중보 기도는 전 세계를 품고 드려집니다. 이것은 앞서 언급했던 정책선언문에서도 이미 강조한 것입니다. "친교 모임은 30분 정도 기도 시간을 갖습니다. 교회를 위한 기도와 선교를 위한 기도로 시작합니다. 친교 모임으로 인하여 기도 모임이 폐지되었다고 아쉬워하는 분들이 많습니다. 오랫동안 교회가 가장 중요하게 생각했던 모임이었기 때문입니다. 하지만 친교 모임은 기도 모임을 포괄하는 보다 균형 잡힌 모임입니다. 그 모임은 기도 모임을 폐지시킨 것이 아니라 오히려 부활시킨 것입니다. 실제로 친교 모임을 통해 이전보다 더 많은 사람들이 기도하게 될 것입니다. 기도의 소리는 더 커지고 더 자연스럽고 더 친밀해지고 더 효과적일 것입니다. 우리는 여전히 기도를 최우선으로 생각하고 있으며, 이 모임을 통해 우리의 진지한 중보 기도가 더욱 증진되고 개선되고 풍요로워질 것을 의심하지 않습니다."

이러한 우리의 확신이 옳다는 것은, 오랫동안 기도 모임에 참여했던 한 노인이 "친교 모임은 모든 회중에게 주어진 참된 축복의 시간입니다"라고 말하는 것을 통해 증명되었습니다. 친교 모임은 격주마다 교회와 교구와 관련된 기도 제목을 만들어 활용합니다. 친교 모임에서는 한 사람이 기도 제목을 소리 내어

읽으면 다른 이들은 조용히 듣거나 자신의 기도 수첩에 기록하거나 복사해서 자신의 개인기도 시간에 활용하게 됩니다. 기도 제목 나눔은 교회의 형편을 잘 알 수 있는 좋은 기회가 되어 교회 지체들로 하여금 자신이 교회의 일원이라는 의식을 품게 하고 교회의 필요를 섬길 기회를 갖도록 합니다.

교회를 위한 중보 기도 다음에는 선교사들을 위한 기도 시간을 갖습니다. 각 친교 그룹은 교회가 파송하거나 후원하고 있는 선교사들 중 한두 사람을 택해 직접 편지를 보내기도 하고 선교사가 소속된 선교단체의 소식지를 통해 선교사에 관한 정보를 지속적으로 접합니다. 이것은 선교사들과 그들을 지원하는 교회 사이에 긴밀한 유대관계를 맺게 합니다. 어떤 친교 그룹은 우간다에서 활동하는 한 선교사에게 필요한 물품을 보내기도 했고, 칠레의 한 성경학교에서 사역하고 있는 선교사에게 책을 보내는 등 다양하게 선교사들을 돕고 있습니다.

친교 그룹의 봉사는 단지 중보 기도에만 국한되지 않습니다. 그 이상이 되어야 한다고 생각합니다. 심방 전도자, 주일학교 교사, 혹은 클럽 리더들로 구성된 그룹에서는 중보 기도가 가장 쉬운 봉사일 것입니다. 하지만 같은 지역에 살고 있는 친교 그룹의 구성원들은 자연스럽게 지역 주민들의 복지에 관심을 갖고 적극적으로 참여하기도 합니다. 실제로 한 그룹은 교제 시간을 할애해 어느 노인의 주거 환경을 단장해 주었습니다. 각 그룹은 다양한 사람들로 구성되어 있는 만큼 각기 다른 봉사를 선택할 수 있습니다. 어떤 그룹들은 교회 대청소, 전단지 배포, 거리의 사람들을 저녁예배에 초대하는 일, 야외 집회 준비 등에 참여합니다. 또한 새가족 환영, 성탄절, 가족예배 등 교회 행사 때 음식을 준비하는 그룹들도 있습니다. 대부분의 그룹은 교회 안팎에서 적극적으로 봉사를 실천하고 있습니다. 전 세계의 굶주리고 가난한 사람들을 돕기 위해 바자회를 열기도 합니다. 이러한 공동의 관심과 봉사가 없으면 친교 모임이 불구상태에 빠지고 말 것입니다.

서로 나누는 코이노니아의 세 번째 측면은 어쩌면 실천하기 가장 어려운 것인지도 모르겠습니다. 그러나 우리가 그리스도 안에서 형제요 자매라면, 우리는 서로를 알아가고 서로 사랑하며 서로에게 관심을 갖고 서로 돌봐야 할 것입니다. 브루스 라슨의 말처럼 "교회는 예수님께 헌신하는 것처럼 서로에게 헌신하는 사람들의 모임"이어야 합니다.[12] 이것은 바로 감리교 속회 모임의 본질적 요소입니다. 존 웨슬리는 그의 책『감리교도라 불리는 사람들에 관한 평범한 이야기』에서 이렇게 이야기합니다.

이 신중한 규정으로부터 얻은 유익은 상상하기 힘들 정도다. 수많은 사람들이 전에는 생각하지도 못했던 그리스도인 사이의 친밀한 교제를 놀랍도록 경험하고 있다. 이제 그들은 "서로 짐을 져 주고" "서로를 돌보기" 시작했다. 매일의 친밀한 교제를 통해 그들은 보다 깊이 서로를 사랑하게 되었다. "사랑 안에서 진리를 말하며 모든 일에 머리 되시는 그리스도에게까지 성장해 갔다. 그리스도로부터 온 몸이 각 마디를 통해 도움을 입음으로 서로 연결되고 상합되고 각 지체의 분량대로 역사하여 그 몸을 자라게 하며 사랑 안에서 스스로 세워져 가고 있는 것이다."[13]

조지 휫필드(George Whitefield)도 『기독교 사회에 보내는 편지』에서 이와 유사한 말을 합니다.

형제 여러분, 하나님이 우리의 영혼을 위해 행하신 일들을 서로에게 정직하고 자유롭게 말합시다. 그러기 위해서는 다른 사람들처럼 4-5명 정도의 작은 규모의 모임을 만드는 것이 좋습니다. 그리고 일주일에 한 번씩 만나 마음속에 품고 있던 생각들을 서로 말하십시오. 그러면 여러분은 서로의 필요에 따라 기도하고 위로할 수 있게 될 것입니다.

그러한 영혼의 연합과 친교의 헤아릴 수 없는 유익들은 오직 이것을 체험한 사람만이 말할 수 있습니다. 자신의 영혼과 형제를 진정으로 사랑하는 사람은 자신의 마음을 열지 않을 수 없습니다. 그로 인해 우리는 필요에 따라 그들의 권면과 훈계, 충고와 기도를 받을 수 있게 됩니다. 진실한 사람이라면 이것을 최고의 축복으로 생각할 것입니다.

웨슬리와 휫필드의 말은 의심할 여지없이 진실입니다. 그러나 진실한 사람이라도 때로는 부끄러워 마음을 쉽게 열지 못할 수 있습니다. 최근 실시한 설문 조사를 통해 우리는 친교 그룹에 속한 많은 이들이 그 모임에서 침묵하고 있다는 사실을 알게 되었습니다. 몇 사람을 통해, 친밀한 교제를 가능하게 하는 '신뢰의 분위기'가 여전히 부족하다는 것을 알게 되었습니다. 실제로 어떤 그룹들은 이러한 문제들로 인해 그런 나눔을 더 이상 격려하지 않고 있습니다. 그러나 어떤 그룹들은 그것을 극복하고 결국 보상을 받았습니다. 수개월 동안 지체들 사이에 갈수록 서로 사랑하고 돌보는 관계가 성장했다고 말하는 이들이 있는가 하면, 친교 모임을 암벽 등반가들이 자신의 몸을 의지하는 밧줄로 묘사하는 사람도 있고, 가족처럼 친밀해졌다고 말하는 이들도 있습니다. "친교 모임을 통해 받은 가장 큰 도움이 무엇이었는가?"라는 질문에 자신들의 생각과 문제점, 의심과 두려움, 받은 축복과 교훈들을 나눌 수 있는 기회였다고 답한 사람들이 많았는데, 한 사람은 구성원들이 진실로 서로를 돌아본다는 확신이라고 말했습니다.

그래서 친교 그룹이 모일 때마다 리더는 이런 속 깊은 교제를 나눌 시간을 떼어놓는 게 좋습니다. 구성원들에게 마음속에 있는 것을 나눌 기회를 주기 위해서입니다. "친교 모임에서 당신의 짐을 나눈 경우가 있는가?"라는 물음에 많은 사람들이 긍정적인 대답을 했습니다. 병문안을 통해, 배우자와의 사별이라는 고통스럽고 고독한 시간에 지체들이 보여 준 관심과 기도를 통해, 그들은 많은 위로를 받았습니다. 많은 사람들이 시험, 직장, 선교와 관련된 하나님의 소명 분별, 숙소 마련과 직원 충원, 봉사 등과 관련해 기도를 부탁하기도 합니다. 한 의사는 학회 발표와 관련해 그 그룹의 지지를 받았고, 한 여성은 수련회 봉사와 관련해 도움을 받았습니다. 아픈 친척, 친구 전도, 일자리를 위해 기도하기도 합니다. 이런 식으로 '돌봄과 나눔', '서로의 짐을 지는 일'과 같은 성경적 이상이 성취되고 있음을 우리는 경험하고 있습니다. 그것은 인위적으로 만들 수 있는 일이 아닙니다. 상호 간의 사랑이 모임 안에서 성숙해 갈 때 서로에 대한 돌봄은 자연스럽게 이루어집니다.

물론 웨슬리의 소위 '신중한 규정'이 잘못 사용될 수도 있습니다. 우리는 모두 연약한 죄인들이기 때문에 자기선전이나 위선, 자기 연민에 빠질 위험이 있습니다. 그러나 친교 그룹이 가족과 같은 곳이 될 때에는 안전하게 교제할 수 있습니다. 가정만큼 우리의 모난 부분을 다듬을 수 있는 곳은 없습니다. 가족과 같은 친교 그룹은 우리가 어려움에 직면했을 때 우리 곁에서서 공감해 주고 지지해 줄 것입니다. 그러나 우리가 그것을, 그들을 이용할 기회로 삼으려고 하면, 그들은 더 이상 함께하려고 하지 않을 것입니다.

이상과 현실

친교 그룹은 각양각색의 사람들로 구성되어 있습니다. 따라서 우리는 그 프로그램을 똑같이 고정시킬 생각이 없습니다. 그러나 참된 그리스도인의 친교라면 위에서 우리가 언급했던 풍성하고 포괄적인 나눔을 포함하게 되리라 믿습니다. 그러므로 우리는 늘 세 가지 성경적 이상을 유념해야 합니다. 우리는 그룹이 균형을 잃거나 그저 성경 읽기 모임이나 기도 모임, 연구 모임으로 전락하지 않도록 늘 조심해야 합니다. '친교 그룹'

이 그 이름에 걸맞게 그리스도인의 진정한 사귐으로 충만한 모임이 되기를 바랍니다. 그래서 우리는 스스로에게 다음과 같이 끊임없이 질문합니다. 우리는 과연 함께 성장하고 있는가? 우리는 진정으로 함께 주님과 교회와 세상을 섬기고 있는가? 우리는 정말 서로를 사랑하고 돌보는 면에서 자라고 있는가?

"친교 그룹이 교회의 핵심이요 심장이라 확신한다"는 한 성도의 말처럼 우리도 갈수록 그렇게 확신할 수 있게 되기를 바랍니다. 교회에 처음 나오는 모든 사람에게 친교 그룹을 소개하고 그 모임에 참여하라고 권합니다. 특히 새신자반을 마치는 모든 새신자도 친교 그룹에 참여해 영적으로 성장하도록 강력하게 권합니다.

친교 그룹은 헨드릭 크래머가 자신의 책에서 여러 차례 언급했던 "그리스도 중심적, 그리스도 통치적 형제 관계"를 맺기 위해 노력하고 있습니다. 그리스도가 그 그룹의 보이지 않는 중심이요 리더이기는 하지만 인간 지도자도 필요합니다. 올 소울즈 교회는 리더십을 평신도가 맡도록 하고 있으며, 교역자들이 격주에 한 번씩 각 친교 모임을 돌아가며 참여하도록 하고 있습니다. 이 평신도 리더십은 우리가 이미 바람직한 것으로 이야기했던 위임받은 장로(목회적 감독) 직분을 실행하게 됩니다. 평신도들이 이 평신도 리더십을 싫어하느냐고요? 전혀 그렇지 않습니다! 사실은 목회자들이 자신들은 교회에 없어서는 안 될, 절대적으로 필요한 존재라는 환상을 품고 있습니다. 그러나 평신도들은 목회자들이 없어도 잘해 나갑니다. "평신도 리더십에 대해 어떻게 생각하는가?"라는 설문 조사에 교인의 절대 다수가 긍정적으로 답했는데, 그 이유를 세 가지로 제시했습니다. 첫 번째, 교회 사역에 평신도 리더가 동참하는 것이 성경적 원리이며, 영적 리더십이라는 은사가 안수에 의해 주어지지 않는다는 것, 그리고 그런 경험이 평신도의 영적 능력을 개발시킨다는 것, 이로써 우리가 곧 교회라는 인식을 품게 만든다는 것 등입니다. 두 번째, 목회자가 교회의 모든 리더십을 행사할 시간이 없기 때문에 함께 짐을 나누어야 한다는 것입니다. 세 번째 이유는 개인적으로 좀 당혹스러운 것이었습니다. 설문을 통해 알게 된 사실은, 평신도 리더가 성직자에 비해 "더 인간적이고 이해를 잘한다"는 것입니다. 평신도 리더도 자신들과 같은 처지에서 생활하는 사람들이기 때문이라고 말입니다. 한국에서 온 한 자매의 솔직한 표현에 따르면 성직자가 모임을 인도할 때면 자기를 의식하게 되고 위축되는 경향이 있다고 합니다. 설문에 답한 사람들 중 상당수가 성직자가 참석하지 않은 모임이 훨씬 자유롭고 편안하다고 대답했습니다.

마이클 보건 목사는 앤드류 콘즈를 훈련 프로그램 지도자로 세운 후 1978년에는 리처드 인우드를 목양 지도자로 세워 친교 그룹을 돌보고 발전시키는 책임을 부여했습니다.

친교 모임은 지금까지 거의 동일하게 유지되고 있습니다. 교인 중에 모임에 헌신한 소수가 한 주는 친교 그룹별로 모임을 갖고, 그 다음 주에는 모든 친교 그룹이 함께 모임을 갖습니다. 어떤 그룹들은 여전히 매주 모이고 있기도 합니다. 과거 주중에 교회에서 가졌던 저녁 모임이 지금은 "기도 모임"으로 불리고 있습니다. 서로 소식을 나누는 일과 기도를 결합한 것이긴 하지만 기도를 중심에 두고 있기 때문입니다. 마이클 보건 목사는 회중은 "교회 가족"이라는 아름다운 개념을 우리에게 소개했습니다. 그는 이 기도회를 인도하면서 놀라운 능력을 발휘해 우리가 실제로 한 가족 같다는 느낌이 들게 했습니다. 이 모임은 찬송으로 시작해 짧은 성경 강해로 이어지고, 때에 따라 귀국한 선교사를 환영하고 우리 지역과 선교지와 세계의 기도 제목을 나눕니다. 그리고 다 함께(약 200명) 기도하기도 하고, 여섯 개의 소그룹으로 나누어 기도하기도 합니다. 격주마다 갖는 이 교회 가족 모임은 교회생활의 하이라이트 중 하나가 되었습니다.

리처드 인우드의 지도 아래, 친교 그룹은 앞에서 살펴본 것과 똑같지는 않지만 그와 유사한 세 가지 형태로 발전했습니다. 인우드는 대략 세 시간 정도 걸리는 친교 모임에 대해 다음과 같이 말합니다. "한 시간은 성경을 공부하는 데, 한 시간은 함께 식사를 하면서 친교를 나누는 데, 그리고 한 시간은 기도 제목을 나누고 합심 기도를 하는 데 사용하는 것이 적당합니다. 최근 이 모임에서의 기도는 좀 더 개인적인 성격을 띠고 있습니다. 우리는 최대한 서로 깊은 교제를 나누고, 영적으로 친밀한 사람들로부터 기도의 지원을 받을 수 있도록 그들을 격려하고 있습니다."

성경공부 교재는 4개월 단위로 준비되고 있습니다. 거의 모든 그룹이 동일한 성경 본문을 연구하도록 만들었는데, 이것은 구성원들로 하여금 교회 가족이라는 일체감을 더 강하게 갖도록 합니다. 4개월 동안 대략 7–8번 정도 친교 모임을 갖게 되므로, 신약성경의 한 서신이나 복음서의 일부를 공부하기 좋습니다. 리처드 인우드(와 그의 후임자인 마이크 로슨)는 모임을 준비하는 데 필요한 리더용 책자를 만들어 리더들에게 미리 나눠주어서 리더들이 모임을 알차게 이끌 수 있도록 돕고 있습니다.

코이노니아의 '봉사'적 측면은 때때로 친교 모임 안에서 이루어지기도 합니다. 예컨대, 많은 친교 그룹이 친구와 이웃을 전도하기 위해 저녁 식사를 계획하고 실행합니다. 그러나 대부분의 봉사는 그룹 바깥에서 이루어집니다. 지금은 이 친교 그룹들이 주일 오전 예배와 저녁 예배 후에 순번을 정해 점심과 저녁 식사를 준비하고 예배 후 교회의 청소를 맡아 하기도 합니다.

리처드 인우드가 합류할 때 50개 정도였던 친교 그룹이 지금은 80개에 육박하고 있습니다. 현재 올 소울즈 교회 교인의 거의 절반이 친교 그룹에 참여하고 있는 것으로 밝혀졌습니다.

어떻게 새로운 구성원을 모집하는지에 대해 궁금한 분들을 위해 이에 대해서도 짧게 소개하는 게 좋을 것 같습니다. 가장 자연스러운 방법은 기존 구성원들이 친구를 초대하는 것입니다. 아울러 '새신자 친교 그룹'이 형성되어 단 한 번만 모이는데, 그때 그룹의 리더가 새신자들이 어떤 친교 모임에 들어가면 좋을지 판단해 새신자에 맞는 친교 그룹으로 인도합니다. 적절한 친교 그룹으로 인도하는 데는 지역적·목회적·개인적 요인들과 함께 친교 그룹의 수용 인원 등이 충분히 고려됩니다. 친교 그룹의 발전에 리처드 인우드가 기여한 가장 큰 공로는 아마도 리더들을 돌본 것에 있을 것입니다. 친교 그룹의 리더들은 한 사람을 제외하고 모두 평신도들입니다. 예전에는 친교 그룹의 리더들이 일 년에 두 차례 열리는 모임을 통해 서로 교제하고 담임 목회자와 만나는 시간을 가졌습니다. 그러나 최근 교회가 성장함에 따라 이 집회의 규모가 너무 커지고 점점 더 형식적으로 되어 가고 부자연스러워졌다는 평가를 받고 있습니다. 그뿐만 아니라, 친교 그룹의 리더들은 교회의 가장 중요한 책임 중 하나를 맡고 있습니다. 그들은 성경 공부를 인도할 뿐 아니라, 구성원 한 사람 한 사람을 돌아보며, 또 구성원들이 서로 돌아볼 수 있도록 권면하고 있습니다. 그래서 마이클 보건은 그 리더들을 '공동 목회단'이라고 부릅니다.

리처드 인우드는 이 평신도 목자들이 그들의 임무를 수행하는 데 적절한 도움을 주기 위해 '지원 그룹'을 만들었습니다. 그는 이 그룹의 목적을 이렇게 설명합니다. "한 개인에게 공부와 지원과 기도를 위한 소그룹이 필요하다면, 그 소그룹을 이끌 리더에게도 공부와 지원, 기도를 위한 소그룹이 필요하다." 그리하여 그는 친교 그룹 리더 열 명당 지원 그룹 하나를 만들었고, 각 지원 그룹은 한 분기에 한 번씩 리처드 인우드와 그의 팀과 만났습니다. 이 저녁 회동은 식사를 함께 하는 것으로 시작하여 리더들이 이끄는 모임 안에서 일어났던 문제점들과 기쁨을 함께 나누고, 그것들에 대해 서로 의논하고 기도합니다. 후반부는 상담, 성경 공부, 기도와 같은 그룹 리더십의 여러 면을 훈련하는 시간으로 보냅니다.

친교 그룹의 리더들은 이렇듯 평상시에 지원 그룹으로부터 여러 도움을 받을 뿐 아니라, 일 년에 한 차례 전체가 모이는 수련회를 통해 재충전의 시간을 갖고 있습니다. 이 수련회를 통해 리더들은 영혼의 양식인 말씀을 충분히 섭취하고, 워크숍을 통해 추가 훈련을 받고, 당면한 문제점들에 대해 토론하며, 서로를 격려하는 귀중한 기회를 얻습니다.

나가는 글

건강하고 역동적인 교회가 되기 위해서는 지금까지 우리가 살펴봤던 성경적인 강조점을 반드시 회복해야 합니다. 이 원리들은 물론 매우 다양한 방법으로 적용될 수 있습니다. 그러나 원리들 자체는 영원히 타당하며 결코 변하지 않습니다. 그 원리들은 또한 서로 긴밀하게 연결되어 있어서 결코 분리되면 안 됩니다. 그럴 경우에는 교회에 상당한 손해를 끼칠 것입니다.

먼저, 하나님의 백성은 거룩한 한 백성이며, 그들의 하나 됨과 거룩함은 하나님의 뜻이자 부르심입니다. 하나님의 백성은 그분의 것으로 부르심을 받은 '에클레시아'입니다. 이렇듯 그들은 세상으로부터는 구별되지만, 본질적으로 그들 상호 간에는 차별성이 없습니다.

다음으로, 이 한 교회에서 하나님은 다양한 남자와 여자들에게 다양한 사역을 맡기십니다. 각 사람은 수행해야 할 특정한 사역이 있습니다. 목회자의 주요 사역은 말씀과 성례로 그리스도를 선포하고, 각 사람을 권하고 지혜로 가르치며, 각 사람을 그리스도 안에서 완전한 자로 세우는 것입니다. 목회자는 곧 교회를 섬기는 책임을 맡았습니다(골 1:8). 그렇기 때문에 목회자는 평신도에게 다음과 같이 말하는 게 좋습니다. "우리가 교회 안에서 하나님께 받은 '디아코니아', 곧 섬김의 직분은 여러분이 이 세상 속에서 하나님께 받은 섬김의 직분을 잘 감당할 수 있도록 구비시키는 것입니다."

나아가, 하나님의 백성(평신도)이 받은 봉사의 직분이 다양하지만 그것들 중 최고의 사명은 '마르투리아', 곧 증언하는 것입니다. 이 세상의 한가운데서 살며 일하는 평신도는 교회의 증언 사역의 최전선에 서 있는 것입니다.

마지막으로, 모든 하나님의 백성은 이 증언 사역에 부르심을 받았고, 그리스도인의 특권과 책임을 다 함께 나누는 코이노니아, 곧 그리스도인의 친교를 통해 힘을 얻게 되는 것입니다.

참고 문헌

Amiel Osmaston, *Sharing the Life*(Grove Booklet on Ministry and Worship, No. 63).

Bruce Larson, *Dare To Live Now!*(Zondervan, 1965).

Clyde Reid, *Groups Alive-Church Alive*(Harper and Row, 1969).

Cyrill Garbett, *The Claims Of The Church Of England*(Hodder and Stoughton, 1947).

David Prior, *Sharing Pastoral Care in the Parish*(Grove Booklet, Pastoral Servies, No. 3).

Eddie Gibbs, *Grow through Groups*(Grove Booklet on Ministryand Worship, No. 64).

Elton Trueblood, *The Incendiary Fellowship*(Harper and Row, 1967).

George Goyder, *The People's Church*(Hodder and Stoughton, 1966).

Gordon Jones, *Design for Learning*(Falcon, 1974).

Henrick Kraemer, *A Theology Of The Laity*(Lutterworth, 1958). 『평신도 신학』(아바서원).

J. A. T. Robinson and others, *Layman's Church*(Lutterworth, 1963).

J. A. T. Robinson, *The New Reformation*(SCM Press, 1965).

John Tanburn, *Open House*(Falcon, 1970).

Kathleen Bliss, *We The People, A Book About Laity*(SCM Press, 1963).

Keele'67, *the National Evangelical Anglican Congress*

Statement(Falcon, 1967).

Keith Miller, *The Taste Of New Wine*(Word Books, 1963). 『새 포도주의 맛』(살림).

Kenneth Chafin, *Help! I'm A Layman*(Word Books, 1966).

Kenneth Grubb, *A Layman Looks At the Church*(Hodder and Stoughton, 1964).

Lesslie Newbigin, *The Household of God*(SCM Press, 1953). 『교회란 무엇인가』(IVP).

M. A. C. Warren, *Revival-An Enquiry*(SCM Press, 1954).

Michael Green, *Called To Serve Ministry and Ministers in the Church*(Hodder and Stoughton, 1964).

Stephen Verney, *Fire In Coventry*(Hodder and Stoughton, 1964).

The Documents of Vatican II, edited by Walter M. Abbott, S. J. (Geoffrey Chapman, 1967).

The Evanston Report, the official report of the Second Assembly of the World Council of Churches(SCM Press, 1955).

The Lambeth Conference 1958(SPCK, 1958).

The Lambeth Conference 1968(SPCK, 1968).

Tom Allan, *The Face Of My Parishing*(SCM Press, 1954).

Towards the Conversion of England(Press and Publications Board of the Church Assembly, 1945).

Yves. M. J. Congar, *Lay People in the Church*(Newman, 1957).

주

들어가는 말

1) Kenneth Grubb, *A Layman Looks at the Church*, p. 61.

2) *The Lambeth Conference*, 1958, p. 126.

3) 같은 책, pp. 2, 99.

4) Tom Allan, *The Face of My Parish*, p. 54.

5) Hendrik Kraemer, *A Theology of the Laity*, pp. 34, 37.

6) 레슬리 폴은 다음과 같이 말한다. "과거나 지금이나 평신도들은 세상에서의 평가와는 달리 교회에서 거의 쓰임을 받지 못하고 있다"(*Layman's Church*, p. 43).

7) M. A. C. Warren, *Revival - An Enquiry*, p. 28.

8) Yves. M. J. Congar, *Lay People in the Church*(1957. p. 13.).

1장 에클레시아

1) Lesslie Newbigin, *The Household of God*, pp. 31, 25. 종말(eschatological)은 에스카토스("마지막"), 또는 에스카톤("끝")이라는 단어에서 나왔으며 시간의 끝과 최후의 일들, 역사의 종국을 가리킨다.

2) '숨폴리타이' '숙크레로노마' '숫소마' '숨메토차' 이 4개의 헬라어에 정확히 해당하는 우리말은 없다. 다만 각각 '시민권자' '상속받을 자' '구성원' '분담자' 정도로 번역할 수 있을 뿐이다.

2장 디아코니아

1) "성직자와 평신도는 하나다. 오직 기능면에서 구별이 있을 뿐 본질적으로는 어떤 차이도 없다"(Progress in the Anglican Communion, Lambeth Conference, 1958, pp. 2, 113).

2) Kraemer, *A Theology of the Laity*, p. 11.

3) J. A. T. Robinson, *Layman's Church*, p. 10.

4) Kenneth Chafin, *Help! I'm A Layman*에서 인용.

5) Grubb, *A Layman Looks at the Church*, p. 26.

6) Article XXI, *Book of Common Prayer*, 1622.

7) 1968년 람버트 대회 결의문 24조항은 다음과 같다. "본 대회는 교회에서 중대한 문제를 토의, 결정할 경우 평신도들이 필히 참여할 것을 권고하는 바이다. 결정하는 과정에 평신도들이 참여하지 않았다면 목회자들은 그들의 결정 사항이 '정당한 결의'가 아님을 인정하는 것이다"(p. 120).

8) Kraemer, *A Theology of the Laity*, p. 146.

9) Michael Green, *Called to Serve Ministry and Ministers in the Church*, p. 14.

10) *The Documents of Vatican II*, p. 486.

11) *Vatican II*, p. 58.

12) *Vatican II*, p. 64.

13) *Vatican II*, p. 40.

14) *Vatican II*, p. 56.

15) *Vatican II*, p. 57.

16) *Vatican II*, p. 96.

17) Kathleen Bliss, *We The People: A Book about Laity*, p. 87.

18) W. Robinson, *Completing The Reformation The Doctrine of Priesthood of All Believers*(Lexington, Kentucky College of the Bible, 1955).

19) *Book of Common Prayer*, 1662.

20) '심부름꾼'은 디아코니아의 적절한 모습이다. 나는 호주 멜버른에 위치한 리들리 컬리지 학장인 레온 모리스(Leon Morris) 교수가 이 말을 사용한 것을 직접 들었다.

21) Chafin, *Help! I'm A Layman*, p. 25.

22) Kraemer, *A Theology of the Laity*, p. 181.

23) Robinson, *Layman's Church*, p. 18; in The New Reformation? he writes of "almost total immersion" in the world, p. 69.

24) Kraemer, *A Theology of the Laity*, p. 174.

25) Grubb, *A Layman Looks at the Church*, pp. 30, 31, 34.

3장 마르투리아

1) Gustaf Wingren, *The Living Word*(Sweden, 1949; English edition, SCM Press, 1960), P. 104.

2) Elton Trueblood, *The Incendiary Fellowship*, p. 36.

3) Robert Raines, *New Life in the Church*(Harper and Row, 1963); Thomas Mullen, *The Renewal of the Ministry*(Abingdon, 1963).

4) Trueblood, *The Incendiary Fellowship*, p. 41.

5) 같은 책, p. 42.

6) 같은 책, p. 143.

7) Keith Miller, *The Taste of New Wine*, pp. 111-113.

8) *Towards the Conversion of England*, p. 36.

9) Cyril Garbett, *The Claims of the Church of England*, p. 177.

10) *The Evanston Report*, p. 103.

4장 코이노니아

1) M. E. Macdonald, *The Need to Believe*(Fontana, 1959), p. 82.

2) Bruce Larson, *Dare To Live Now!*, p. 110.

3) 레슬리 폴의 *Church: The Early Methodist People*(Epworth, 1948), p. 155에서 인용.

4) 같은 책, p. 153.

5) Keith Miller, *The Taste of New Wine*(Word Books, 1963), p. 79.

6) 같은 책, p. 75.

7) C. H. Dodd, Moffatt Commentary on the Johannine Epistles (Hodder and Stoughton, 1946), p. 6.

8) 레슬리 폴의 *Church: The Early Methodist People*, p. 149에서 인용.

9) 이 기관은 1963년 토론토에서 있었던 성공회 의회에서 지역 교회에 추천된 상호 원조 기관이다.

10) Trueblood, *The Incendiary Fellowship*, p. 31.

11) 같은 책, p. 83.

12) Larson, *Dare to Live Now!*, p. 122.

13) J. S. Simon, *John Wesley and the Methodist Societies*(1923)에서 인용.

「평신도 신학」

헨드릭 크래머 지음・홍병룡 옮김 | 아바서원
교회와 세상 속 평신도의 지위와 소명을 정립한 고전

1958년에 출간된 이 책은 세계대전 후 헨드릭 크래머가 네덜란드 교회의 재건과 부흥을 위해 들인 노력의 신학적 열매로 간주할 수 있다. 당시 개신교에는 이보다 더 제대로 된 평신도 신학의 해설서가 없었기 때문에 이 책이 갖는 의의와 중요성은 클 수밖에 없었다.

저자는 신학자들이 평신도의 신학적 '지위'를 교회의 일부분으로 인정하지 않고 그저 부차적인 주제로 다루거나 아예 무시하는 현상은 교회에 대한 왜곡된 이해 때문이라고 생각한다. 동시에 하나님 백성에 대한 비등위적 이분법, 즉 성직자는 거룩하고 귀한 존재이나 평신도는 그렇지 않다는 생각은 종교 개혁 당시에도 극복되지 못했다고 거침없이 지적하면서, 진정한 평신도 신학의 골자를 몇 가지 진술로 제시한다. 풍요한 신학적 의미를 담고 있을 뿐만 아니라 매우 혁명적인 그의 명제에 동의하고 이에 준하여 교회생활을 시도한다면 교회의 갱신은 거의 자동적으로 뒤따를 것이다.

「평신도를 깨운다」 (옥한흠, 국제제자훈련원)
「21세기를 위한 평신도 신학」 (폴 스티븐스, IVP)
「참으로 해방된 평신도」 (폴 스티븐스, IVP)
「평신도를 세우는 목회자」 (폴 스티븐스・필 콜린스, 미션월드)
「정말 쉽고 재미있는 평신도 신학1,2」 (송인규, 홍성사)
「예배당 중심의 기독교를 탈피하라」 (송인규, IVP)
「에클레시아: 부르심을 입은 자들」 (이찬수, 규장)

존 스토트가 말하는
목회자와 평신도

개정판 1쇄 발행 2017년 5월 18일
개정판 2쇄 발행 2019년 9월 20일

지은이 존 스토트
옮긴이 정지영
펴낸이 홍병룡
만든이 최규식 · 정선숙 · 김태희

펴낸곳 협동조합 아바서원
등록 제 274251-0007344
주소 서울시 영등포구 도림로139길 8-1 3층
전화 02-388-7944 **팩스** 02-389-7944
이메일 abbabooks@hanmail.net

©협동조합 아바서원, 2017

ISBN 979-11-85066-66-0(03230)

이 도서의 국립중앙도서관 출판예정도서목록(CIP)은 서지정보유통지원시스템 홈페이지(http://seoji.nl.go.kr)와
국가자료공동목록시스템(http://www.nl.go.kr/kolisnet)에서 이용하실 수 있습니다. (CIP제어번호 : CIP2017010807)

존 스토트 John R. W. Stott

1921년 4월 런던에서 태어난 존 스토트는 복음주의 최고의 강해설교가이자 뛰어난 신학자이며 작가다. 영미 복음주의의 전통을 이루던 믿음과 행함의 구별, 복음 전도와 사회 참여의 구별을 철회하고, 1974년 빌리 그레이엄과 함께 복음주의 운동의 전환점을 마련한 로잔 언약의 입안을 이끌어 냈다. 30여 년간 한 교회를 헌신적으로 섬긴 목회자이기도 한 그는, 탁월한 설교와 소탈한 인격, 혁신적인 교회 사역을 바탕으로 전 세계의 그리스도인들에게 영향을 미쳐 20세기 복음주의의 시금석이 되었다. 철저하게 '성경적이며', '균형 잡힌' 그리스도인이자 '급진적 제자'이길 원했던 스토트는 영국 복음주의연맹, 런던 현대기독교연구소와 랭햄 파트너십 인터내셔널을 이끄는 동안 복음주의의 사회적 참여와 통전적인 복음, 성경적 연합에 힘을 쏟으며 복음주의 운동의 대표 지도자로 우뚝 섰다. 몇 차례 한국을 방문해 한국 교회에 강해설교의 지평을 넓혀 준 그는, 은사주의자, 자유주의자와 대화하는 데 결코 주저하지 않았지만, 비성경적, 반복음적 신학에 대해서는 여지없이 날선 비판을 제기해 복음의 수호자인 동시에 행동하는 복음주의자로서의 면모를 아낌없이 보여 주었다. 「타임」이 선정한 세계에서 가장 영향력 있는 100인 중 한 명에 오르기도 한 그는 2011년 7월 27일 주님의 품에 영원히 안겼다.

옮긴이 정지영

역사학과 신학을 공부한 후 IVP, 복있는 사람, 새물결 플러스 등에서 북마스터, 편집, 기획, 출판 디렉터 등 다양한 출판 일을 경험한 문서운동가다.

책 만드는 협동조합 **아바서원**

blog.naver.com/abbabooks
facebook.com/abbabookhouse